# Arbeitsbuch Politik

## für die berufliche Oberstufe

von
Jutta Barfuß
Kristin Gerloff
Nicklas Pommer
Heidemarie Werner

Handwerk und Technik • Hamburg

**Bildquellenverzeichnis 1863 1. Auflage**

Bergmoser + Höller Verlag AG, Aachen: S. 24; 32; 36; 37; 40; 42; 44; 65; 69; 102; 113; 127

Bundeszentrale für politische Bildung, 2009, www.bpb.de, Berlin, Creative Commons by-nc-nd/3.0/de: S. 13

Dambeck, Franz, Ruderting: S. 95

dpa-Picture-Alliance GmbH, Frankfurt a. M.: S. 29; 38; 57; 60; 62; 67; 68; 73; 86; 99; 100; 105/1 (AP Photo),2 (Peter Gercke/dpa-Zentralbild),3 (Imagechina); 106/1 (dpa-Zentralbild),2 (Westend61); 122; 129; 147; 151/1 (Bernd von Jutrczenka); 153

Fotolia Deutschland, Berlin, ©www.fotolia.de: S. 119/1 (Gina Sanders); 124/2 (Ljupco Smokovski); 151/3 (Gina Sanders); 169 (dizain)

Gert Egle/www.teachsam.de, lizenziert unter CC-BY-SA 4.0 International Licence: S. 19

iStockphoto, Berlin: S. 124/1 (Maria Toutoudaki)

laif Agentur für Photos & Reportagen GmbH, Köln: S. 103 (Polaris Images)

Mester, Gerhard, Wiesbaden: S. 61; 77; 94/4; 168

Pfohlmann, Christiane (CHRISS), Landsberg: S. 94/1–3

Plaßmann, Thomas, Essen: S. 159

Richter Publizistik, Bonn: S. 83; 85/5

Schopf, Oliver, Wien: S. 101

Shutterstock Images LLC, New York, USA: S. 78 (ekler); 119/2 (Dean Drobot); 133/2 (BlueSkyImage); 151/2 (Oksana Kuzmina),4 (Lital Israeli)

Sinus Sociovision GmbH, Heidelberg: S. 138

Speth, Frank, Quickborn: S. 143

©Statista_com, Hamburg, lizensiert unter CC BY-ND: S. 144

Wiedenroth, Götz, Flensburg, www.wiedenroth-Karikatur.de: S. 132

World Tourism Organization (UNWTO): Tourism Highlights, World Tourism Barometer, verschiedene Jahrgänge ©UNWTO, 92844/12/17: S. 93

ISBN 978-3-582-01863-2 Best-Nr. 1863



Verlag Handwerk und Technik GmbH, Lademannbogen 135, 22339 Hamburg; Postfach 63 05 00, 22331 Hamburg – 2018
E-Mail: info@handwerk-technik.de – Internet: www.handwerk-technik.de

Redaktion: Michael Banse, 04349 Leipzig
Layout und Satz: tiff.any GmbH, Berlin
Umschlagmotiv: dpa-Picture-Alliance GmbH, Frankfurt a. M. (Westend61)
Druck: Grafisches Centrum Cuno GmbH & Co. KG, 39240 Calbe (Saale)

**1 Demokratie** . . . 5
**1.1 Grundlagen** . . . 6
1.1.1 Was ist Demokratie? . . . 6
1.1.2 Gewährung der Grundrechte – Garant für Demokratie? (1) . . . 8
1.1.3 Grundrechte als Garant für einen demokratischen Staat (2) . . . 10
**1.2 Bestandteile der demokratischen Gesellschaft** . . . 12
1.2.1 Einmischen erwünscht . . . 12
1.2.2 Mehr Demokratie durch direkte Bürgerbeteiligung? . . . 14
1.2.3 Parteien – unverzichtbarer Bestandteil der Politik? . . . 16
**1.3 Wahlen** . . . 18
1.3.1 Ohne Wahlen keine Demokratie – keine Demokratie ohne Wahlen . . . 18
1.3.2 Verhältnis- versus Mehrheitswahl . . . 20
1.3.3 Der Bundestag muss umgebaut werden . . . 22
1.3.4 So wählen Sie . . . 24
1.3.5 Zum Wählen quälen? . . . 26
**1.4 Gewaltenteilung** . . . 28
1.4.1 Geteilte Demokratie? . . . 28
1.4.2 Verfassungsorgane im Überblick . . . 30
1.4.3 Der Bundespräsident . . . 32
1.4.4 Der Bundesrat . . . 34
1.4.5 Die Bundesregierung . . . 36
1.4.6 Der Bundestag . . . 38
1.4.7 Das Bundesverfassungsgericht . . . 40
1.4.8 So entsteht ein Gesetz . . . 42
1.4.9 Keine Verfassungsorgane, aber mitbestimmend – Opposition und Lobbyisten . . . 44
**1.5 Politische Systeme** . . . 46
1.5.1 Politische Systeme im Vergleich . . . 46
1.5.2 Die Demokratie auf dem Prüfstand? . . . 48

**2 Die Europäische Union** . . . 51
**2.1 Die Staaten Europas** . . . 52
2.1.1 Der Weg zur Europäischen Union . . . 52
2.1.2 Die Staaten der Europäischen Union . . . 54
2.1.3 Die Institutionen der Europäischen Union . . . 56
2.1.4 Entscheidungsstrukturen in der Europäischen Union . . . 58
**2.2 Gemeinsames Wirtschaften** . . . 60
2.2.1 Der Europäische Binnenmarkt . . . 60
2.2.2 Der Euro – Eine Währung für Europa . . . 62
**2.3 Die Zukunft Europas** . . . 64
2.3.1 Außen- und Sicherheitspolitik . . . 64
2.3.2 Europas Jugend auf der Suche nach der europäischen Identität . . . 66
2.3.3 Die neuen Europäer? – Zukunftsperspektive Migration . . . 68

**3 Internationale Politik** . . . 71
**3.1 Konflikte weltweit** . . . 72
3.1.1 Ökologische Probleme – Ein Kampf gegen Windmühlen? . . . 72
3.1.2 Migrationen – Die Völkerwanderung des 21. Jahrhunderts? . . . 74
3.1.3 Terrorismus und seine Erscheinungsformen . . . 76
3.1.4 Ethnische Konflikte – Das Ende des klassischen Krieges? . . . 78
**3.2 Friedenssicherung** . . . 80
3.2.1 Krieg und Frieden . . . 80
3.2.2 Friedenssicherung und Entwicklungshilfe . . . 82
**3.3 Internationale Konfliktlöser** . . . 84
3.3.1 Die Vereinten Nationen (UN) . . . 84
3.3.2 Die NATO: Sicherheitsbündnis mit Zukunft? . . . 86
3.3.3 Die Nichtregierungsorganisationen – Die freundlichen Helfer? . . . 88

| | | |
|---|---|---|
| 4 | **Globalisierung** | 91 |
| 4.1 | **Spektrum Globalisierung** | 92 |
| 4.1.1 | Dimensionen der Globalisierung | 92 |
| 4.1.2 | Herausforderungen der Globalisierung – eine Karikaturenrally | 94 |
| 4.2 | **Unternehmen im Wandel** | 96 |
| 4.2.1 | Vom Einzelunternehmen zum multinationalen Konzern | 96 |
| 4.2.2 | Familiär und doch global – Mittelständische Unternehmen | 98 |
| 4.3 | **Welthandel** | 100 |
| 4.3.1 | Protektionismus versus Freihandel | 100 |
| 4.3.2 | Schattenseiten der Globalisierung | 102 |
| 4.3.3 | Auf dem Weg zur Einheitskultur – Verlust an Vielfalt oder der Weg zum Erfolg? | 104 |
| 4.4 | **Globalisierung auf dem Prüfstand** | 106 |
| 4.4.1 | Lichtblicke der Globalisierung | 106 |
| 4.4.2 | Pro und Kontra Globalisierung | 108 |
| 5 | **Wirtschaft** | 111 |
| 5.1 | **Grundlagen der Volkswirtschaft** | 112 |
| 5.1.1 | Wirtschaftsordnungen im Vergleich | 112 |
| 5.1.2 | Wirtschaftstheorien – Keynes und Friedman | 114 |
| 5.2 | **Markt und Konjunktur** | 116 |
| 5.2.1 | Magisches Viereck und Sechseck | 116 |
| 5.2.2 | Das Auf und Ab der Wirtschaft | 118 |
| 5.2.3 | Der Konjunkturzyklus | 120 |
| 5.2.4 | Kann man Wirtschaft messen? – Das Bruttoinlandsprodukt (Modellrechnung) | 122 |
| 5.2.5 | Inflation – Ist der Preis stabil? | 124 |
| 5.2.6 | Preisbildung – Wer macht den Preis? | 126 |
| 5.3 | **Rechte der Arbeitnehmer** | 128 |
| 5.3.1 | Tarifvertrag und Tarifverhandlungen | 128 |
| 5.3.2 | Der Betriebsrat | 130 |
| 5.3.3 | Schutzlos am Arbeitsplatz | 132 |
| 6 | **Gesellschaft** | 135 |
| 6.1 | **Modelle der Sozialstruktur** | 136 |
| 6.1.1 | Wandel der Schichtmodelle | 136 |
| 6.1.2 | Das Sinusmodell | 138 |
| 6.1.3 | Der Einzelfall in der Sinusstudie | 140 |
| 6.2 | **Soziale Ungleichheit** | 142 |
| 6.2.1 | Wie sieht soziale Ungleichheit aus? | 142 |
| 6.2.2 | Dimensionen der sozialen Ungleichheit | 145 |
| 6.3 | **Aspekte des sozialen Wandels** | 148 |
| 6.3.1 | Integration und Migration | 148 |
| 6.3.2 | Wertewandel – Die Jugend von heute! | 150 |
| 6.3.3 | Demografie oder Stirbt unsere Gesellschaft aus? | 152 |
| 6.3.4 | Arbeit und Beruf im Wandel | 154 |
| 6.4 | **Sozialordnung und Sozialpolitik** | 156 |
| 6.4.1 | Wer fängt mich auf, wenn ich falle? | 156 |
| 6.4.2 | Sozialversicherungen | 158 |
| 6.5 | **Informations- und Kommunikationsgesellschaft** | 160 |
| 6.5.1 | Rolle der Medien | 160 |
| 6.5.2 | Soziale Netzwerke: 1500 echte Freunde? | 164 |


**Anhang**


| | |
|---|---|
| **Methoden** | 167 |
| **Lösungen zu Testen-Sie-sich-Seiten** | 172 |
| **Glossar** | 176 |
| **Hinweise zu Anwendungen von Operatoren** | U3 |

# 1 Demokratie

| Abschnitte | Methoden | Kompetenzen |
|---|---|---|
| **1.1 Grundlagen** | ■ Texte analysieren<br>■ Internetrecherche<br>■ Bearbeiten von Fallbeispielen | ■ Merkmale der Demokratie erörtern<br>■ eigene Meinungen begründet darlegen |
| **1.2 Bestandteile der demokratischen Gesellschaft** | ■ Texte analysieren<br>■ Schaubilder/ Diagramme/Grafiken auswerten | ■ Partizipationschancen im Rahmen politischer Entscheidungen beurteilen<br>■ zentrale Regeln und Entscheidungsverfahren der Demokratie beschreiben<br>■ Aufgaben und Bedeutung von Parteien beschreiben |
| **1.3 Wahlen** | ■ Texte analysieren<br>■ Schaubilder/ Diagramme/Grafiken auswerten | ■ Merkmale und Funktion von demokratischen Wahlen beschreiben<br>■ Merkmale direkter und repräsentativer Demokratie erörtern<br>■ zentrale Prinzipien, Regeln und Entscheidungsverfahren beschreiben<br>■ Pro- und Kontra-Argumente zusammenstellen |
| **1.4 Gewaltenteilung** | ■ Texte analysieren<br>■ Schaubilder/ Diagramme/Grafiken auswerten<br>■ Internetrecherche<br>■ Karikaturen analysieren | ■ Bedeutung der Gewaltenteilung für einen demokratischen Staat begründen<br>■ Verfassungsorgane einordnen und deren Aufgaben beschreiben<br>■ eigene Meinungen begründet darlegen<br>■ Merkmale der Demokratie an Beispielen erörtern<br>■ Chancen und Probleme des Föderalismus beschreiben<br>■ demokratische Grundprinzipien und Einflussmöglichkeiten beschreiben |
| **1.5 Politische Systeme** | ■ Texte analysieren | ■ politische Systeme vergleichen<br>■ Auswirkungen der Herrschaft in diesen Systemen auf individuelle und kollektive Grund- und Menschenrechte kritisch reflektieren<br>■ Probleme und Lösungsmöglichkeiten erörtern |

# 1.1 Grundlagen

## 1.1.1 Was ist Demokratie?

„Unser Land ist ein demokratisches Land“ – das behauptet fast jede Regierung. Ob traditionell demokratische Staaten wie z. B. in Europa oder Nordamerika oder autoritäre Staaten in Afrika, Asien oder Lateinamerika. Es gibt kaum ein Land auf der Erde, welches von sich selbst sagen würde, es wäre nicht demokratisch. Was aber kennzeichnet einen demokratischen Staat?

1 Ergänzen Sie: Demokratie heißt für mich ...

2 Ein Staat handelt für mich demokratisch, wenn ...

### Denkanstöße zum Begriff Demokratie M1

Abraham Lincoln: „Demokratie ist die Regierung des Volkes durch das Volk für das Volk.“

Winston Churchill: „Demokratie ist die Notwendigkeit, sich gelegentlich den Ansichten anderer Leute zu beugen.“

Carl Friedrich von Weizsäcker: „Demokratie heißt Entscheidung durch die Betroffenen.“

Manfred Hausmann: „Demokratie heißt: Die Spielregeln einhalten, auch wenn kein Schiedsrichter zusieht.“

Mahatma Gandhi: „Unter Demokratie verstehe ich, dass sie dem Schwächsten die gleichen Chancen einräumt wie dem Stärksten.“

Richard von Weizsäcker: „Demokratie lebt vom Streit, von der Diskussion um den richtigen Weg. Deshalb gehört zu ihr der Respekt vor der Meinung des anderen.“

Karl Popper: „Die Frage, wer herrschen soll, ist falsch. Es genügt, wenn eine schlechte Regierung abgewählt werden kann. Das ist Demokratie.“

Hans-Ulrich Klose: „Demokratie kann nicht funktionieren, wenn es im Gegenpart zur Regierungsmehrheit nicht eine Minderheit gibt, die antritt mit dem Willen, demnächst zu regieren. Das ist kein Widerspruch.“

**3** Leiten Sie aus den Zitaten wesentliche Merkmale eines demokratischen Staates ab.

## Das Grundgesetz, Artikel 20

**M2**

(1) Die Bundesrepublik Deutschland ist ein demokratischer und sozialer Bundesstaat.

(2) Alle Staatsgewalt geht vom Volke aus. Sie wird vom Volke in Wahlen und Abstimmungen und durch besondere Organe der Gesetzgebung, der vollziehenden Gewalt und der Rechtsprechung ausgeübt.

(3) Die Gesetzgebung ist an die verfassungsmäßige Ordnung, die vollziehende Gewalt und die Rechtsprechung sind an Gesetz und Recht gebunden.

(4) Gegen jeden, der es unternimmt, diese Ordnung zu beseitigen, haben alle Deutschen das Recht zum Widerstand, wenn andere Abhilfe nicht möglich ist.

**4** Beurteilen Sie auf der Grundlage des Artikels 20, ob die Merkmale eines demokratischen Staates in der deutschen Verfassung verwirklicht sind. Beziehen Sie auch [M1] in Ihre eigenen Überlegungen mit ein.

**INFOBOX**

A. Lincoln: amerik. Präsident von 1861–1865; W. Churchill: brit. Premierminister von 1940–1945 u. 1951–1955; C. F. v. Weizsäcker: dt. Physiker, Philosoph u. Friedensforscher; M. Hausmann: dt. Schriftsteller u. Journalist; M. Gandhi: indischer Publizist u. Pazifist; R. v. Weizsäcker: dt. Bundespräsident von 1984–1994; K. Popper: österr.-brit. Philosoph; H.-U. Klose: dt. Politiker

## 1.1.2 Gewährung der Grundrechte – Garant für Demokratie? (1)

Das Besondere des Grundgesetzes – der Verfassung Deutschlands – besteht darin, dass die Grundrechte an erster Stelle stehen. Der Mensch und nicht der Staat steht im Mittelpunkt (Art. 1 Grundgesetz). Basis der Grundrechte sind die Menschenrechte. Das sind Rechte, die jedem Menschen von Geburt an zustehen, unabhängig davon, wo er geboren ist, wo er lebt oder welcher Religion er angehört. Die Menschenrechte wurden 1948 in der Charta der Vereinten Nationen (UN) festgeschrieben. In das Grundgesetz sind die Menschenrechte als Grundrecht für alle in Deutschland lebenden Menschen eingegangen (Artikel 1 bis 7) und sind somit grundlegende Freiheitsrechte, die der Staat dem Individuum gewähren muss. Diese Freiheitsrechte sind dauerhaft und einklagbar.

**1** Führen Sie eine Internetrecherche zum Thema „Menschenrechte" durch.

(a) Definieren Sie den Begriff „Menschenrechte".

unabdingbares politisches Recht auf freie Entfaltung der Persönlichkeit in einem Staat

Mögliche Internetseiten:

- www.bpb.de/internationales/weltweit/menschenrechte
- menschenrechte-durchsetzen.dgvn.de
- www.amnesty.de/alle-30-artikel-der-allgemeinen-erklaerung-der-menschenrechte
- www.humanrights.com/de/home

(b) Nennen Sie wesentliche Menschenrechte.

Wahlrecht, Meinungsfreiheit, Verteidigungsrecht, Recht auf Leben, Unversehrheit und Sicherheit, Glauben und Gewissenfreiheit, Recht auf Freizügigkeit, Recht auf Widerstand gegen Unterdrückung, Recht auf Bildung

**2** Belegen Sie anhand von Beispielen aktuelle Menschenrechtsverletzungen.

**3** Begründen Sie, warum es ohne verfassungsmäßige Garantie der Menschenrechte keinen demokratischen Staat geben kann.

Weil der Mensch und und nicht der Staat im Mittelpunkt steht. Das sind grundlegende Freiheitsrechte, die der Staat dem Individuum gewähren muss.

## Art. 1 Grundgesetz Deutschlands

M1

(1) Die Würde des Menschen ist unantastbar. Sie zu achten und zu schützen ist Verpflichtung aller staatlichen Gewalt.

(2) Das deutsche Volk bekennt sich darum zu unverletzlichen und unveräußerlichen Menschenrechten als Grundlage jeder menschlichen Gemeinschaft, des Friedens und der Gerechtigkeit in der Welt.

(3) Die nachfolgenden Grundrechte binden Gesetzgebung, vollziehende Gewalt und Rechtsprechung als unmittelbar geltendes Recht.

4 „Die Würde des Menschen ist unantastbar." Legen Sie begründet dar, wann die Würde des Menschen gewahrt, wann sie verletzt wird.

## Gregor Gysi zum Artikel 1 GG

M2

„Artikel 1 (1) unseres Grundgesetzes ist in mehrfacher Hinsicht genial. Er ist die absolut richtige Antwort auf die Nazibarbarei in Deutschland. „Die Würde des Menschen ist unantastbar" umfasst alle Menschen und unterscheidet nicht zwischen ihrer Herkunft, ihrem Glauben, ihrem Geschlecht, ihrem Alter, ihrer Hautfarbe, ihrer sexuellen Orientierung und ihren Behinderungen. Es wurde bewusst auch nicht der Plural verwendet, sondern jedes einzelne Individuum als Ausgangs- und Bezugspunkt von Gesellschaftlichkeit genommen. (…) Er ist aber nicht nur Utopie, sondern auch Ansporn, gegen alle Formen der Verletzung und Missachtung der Würde des Menschen vorzugehen. Das heißt, für eine bessere Gesellschaft zu kämpfen und zu streiten, in der die Würde einer und eines jeden Einzelnen in einem hohen Maße verwirklicht sein wird."

*Gregor Gysi, Die Linke*

(aus: Linda Dietze: Artikel 1 hat seine Grenzen, www.zeit.de)

5 Analysieren Sie den Text: Welche Bedeutung sieht Gysi im Artikel 1 des Grundgesetzes?

6 Setzen Sie sich mit folgender These auseinander: „Artikel 1 des Grundgesetzes ist in Deutschland umfassend realisiert."

**INFOBOX**

**G. Gysi:** dt. Rechtsanwalt und Politiker, Bundestagsabgeordneter seit 1990.

## 1.1.3 Grundrechte als Garant für einen demokratischen Staat (2)

### Katrin Göring-Eckardt: Meinungsfreiheit bedeutet auch die Freiheit zum Irrtum

M1

„(...) Demokratie beginnt mit Meinungsfreiheit und Demokratie braucht Meinungsfreiheit. Die Freiheit der Meinungsäußerung ist das vielleicht elementarste Menschenrecht, weil es die zentrale Voraussetzung für eine kritische Auseinandersetzung ist, gerade zwischen Bürgern und Staat. Es gibt zahllose Urteile aus Karlsruhe, die den Wert der Meinungsfreiheit höher als den vieler anderer Grundrechte ansetzen. Denn am Stellenwert der freien Meinungsäußerung lässt sich am augenfälligsten zwischen Demokratie und Diktatur unterscheiden. Ein Diktator kann hässliche, schmerzhafte und unbequeme Meinungen unterdrücken. Er kann mit Zeitungen, TV und Internet ihre klassischen und modernen Vertriebskanäle verbieten. Meinungsfreiheit bedeutet auch die Freiheit zum Irrtum. Meinungen verändern sich. Wir haben gelernt, dass es kein Abo auf historische oder politische Wahrheiten gibt. Und im Streit der Meinungen vollzieht sich dieser Wandel. (...)"

*Katrin Göring-Eckardt,*
*Bündnis 90/Die Grünen*

(aus: Linda Dietze: Artikel 1 hat seine Grenzen; www.zeit.de)

**1** Geben Sie wieder, wie die Politikerin Göring-Eckardt die besondere Bedeutung der Meinungsfreiheit begründet.

**2** Erörtern Sie die Überschrift „Meinungsfreiheit bedeutet auch die Freiheit zum Irrtum".

### Im Einklang mit dem Grundgesetz?

M2

Art. 2 Allgemeines Persönlichkeitsrecht

(1) Jeder hat das Recht auf die freie Entfaltung seiner Persönlichkeit, soweit er nicht die Rechte anderer verletzt und nicht gegen die verfassungsmäßige Ordnung oder das Sittengesetz verstößt.

(2) Jeder hat das Recht auf Leben und körperliche Unversehrtheit. Die Freiheit der Person ist unverletzlich. In diese Rechte darf nur auf Grund eines Gesetzes eingegriffen werden.

Art. 3 Gleichheit vor dem Gesetz

(1) Alle Menschen sind vor dem Gesetz gleich.

(2) Männer und Frauen sind gleichberechtigt. Der Staat fördert die tatsächliche Durchsetzung der Gleichberechtigung von Frauen und Männern und wirkt auf die Beseitigung bestehender Nachteile hin.

(3) Niemand darf wegen seines Geschlechtes, seiner Abstammung, seiner Rasse, →

seiner Sprache, seiner Heimat und Herkunft, seines Glaubens, seiner religiösen oder politischen Anschauungen benachteiligt oder bevorzugt werden. Niemand darf wegen seiner Behinderung benachteiligt werden.

Art. 4 Glaubens-, Gewissens- und Bekenntnisfreiheit, Kriegsdienstverweigerung

(1) Die Freiheit des Glaubens, des Gewissens und die Freiheit des religiösen und weltanschaulichen Bekenntnisses sind unverletzlich.

(2) Die ungestörte Religionsausübung wird gewährleistet.

(3) Niemand darf gegen sein Gewissen zum Kriegsdienst mit der Waffe gezwungen werden. Das Nähere regelt ein Bundesgesetz.

Art. 5 Recht der freien Meinungsäußerung

(1) Jeder hat das Recht, seine Meinung in Wort, Schrift und Bild frei zu äußern und zu verbreiten und sich aus allgemein zugänglichen Quellen ungehindert zu unterrichten. Die Pressefreiheit und die Freiheit der Berichterstattung durch Rundfunk und Film werden gewährleistet. Eine Zensur findet nicht statt.

(2) Diese Rechte finden ihre Schranken in den Vorschriften der allgemeinen Gesetze, den gesetzlichen Bestimmungen zum Schutze der Jugend und in dem Recht der persönlichen Ehre.

**3** Prüfen Sie, ob folgende Falldarstellungen mit dem Grundgesetz vereinbar sind. Begründen Sie Ihre Antwort mithilfe des Grundgesetzes [M2].

Fall 1: Ein Landgericht verbietet es einem Bürger, eine Zeitung herauszugeben, weil er wiederholt mit seinen Karikaturen die Bundeskanzlerin angegriffen hat.

Fall 2: Die Regierung Deutschlands beschließt im Einvernehmen mit einem arabischen Staat, dass in Deutschland nur die sunnitische, nicht aber die schiitische Glaubensrichtung des Islam ausgeübt werden darf.

Fall 3: Der Besitzer eines mittelständischen Unternehmens beschließt, zukünftig nur noch männliche Arbeitnehmer einzustellen, weil diese durch Schwangerschaft und Kinderbetreuung nicht ausfallen können.

Fall 4: Sarina ist enttäuscht, dass ihr Freund mit ihr Schluss gemacht hat. Um sich zu rächen filmt sie ihn heimlich und stellt das Video bei YouTube ein.

# 1.2 Bestandteile der demokratischen Gesellschaft

## 1.2.1 Einmischen erwünscht

Einer Studie (2014) zufolge bezweifeln mehr als 60 % der Bevölkerung die Demokratie. In Deutschland herrsche keine echte Demokratie mehr. Die Wirtschaft habe so starken Einfluss auf die Politik, dass sie mehr zu sagen hätte als der Wähler – so die Aussage des Meinungsforschungsinstituts infratest dimap. Aufgabe der Politik ist es, die Rahmenbedingungen für eine Bürgerbeteiligung zu schaffen. Aber: Braucht ein demokratischer Staat die politische Partizipation?

### Bürger zwischen Beteiligung und Blockade M1

**Mehr Demokratie, jetzt – das fordern viele Bürger. Woher kommt dieser Wunsch? Und welche Schwächen hat Bürgerbeteiligung? (...)**

In Hamburg verhindern Bürger eine Schulreform. In München die Olympischen Spiele und die dritte Startbahn. In Berlin die Bebauung des Tempelhofer Feldes. In Bayern setzen sie das Rauchverbot durch. Spätestens seit dem Protest um das Bahnhofsprojekt Stuttgart 21 sprechen Wissenschaftler von einer „neuen Macht der Bürger“. Bei den Kritikern klingt das anders: Deutschland, blockiert von seinen Wutbürgern. (...)

#### Droht Deutschland die Wutbürger-Blockade?

Olympia? Nö. Neue Wohnungen am Mauerpark? Brauchen wir nicht. Windräder, Stromtrassen? Aber doch nicht hier! Vor allem wenn es um Protest gegen Infrastrukturprojekte geht, kommt seit Stuttgart 21 häufig der Vorwurf: Der Bürger will halt einfach nicht, dass sich vor der eigenen Haustür was ändert. Und blockiert so den Fortschritt in Deutschland. (...) Tatsächlich geht es vielen Bürgern gar nicht nur um die Gegnerschaft zu einem bestimmten Projekt. Sondern auch um die grundsätzliche Frage: Wer entscheidet eigentlich, was in unseren Städten und Gemeinden passiert? Die Bürger, die in ihnen wohnen? Oder Politiker, die ihr Mandat alle paar Jahre in repräsentativen Wahlen erhalten? Fest steht, dass viele Menschen die gesetzlich festgeschriebenen Formen der Bürgerbeteiligung als unzureichend empfinden. Bestes Beispiel dafür ist die vielkritisierte Praxis, Pläne zwar in Rathäusern auszulegen und in Stadtratssitzungen vorzustellen, aber sie nicht etwa online zugänglich zu machen.

(aus: Hanna Beitzer: Bürger zwischen Beteiligung und Blockade: www.sueddeutsche.de)

1 Legen Sie dar, welche Chancen und Probleme Sie in der Bürgerbeteiligung sehen. [M1]

2 Setzen Sie sich mit folgender These auseinander: „Ohne Bürgerbeteiligung keine Demokratie“.

## Politische Partizipation M1

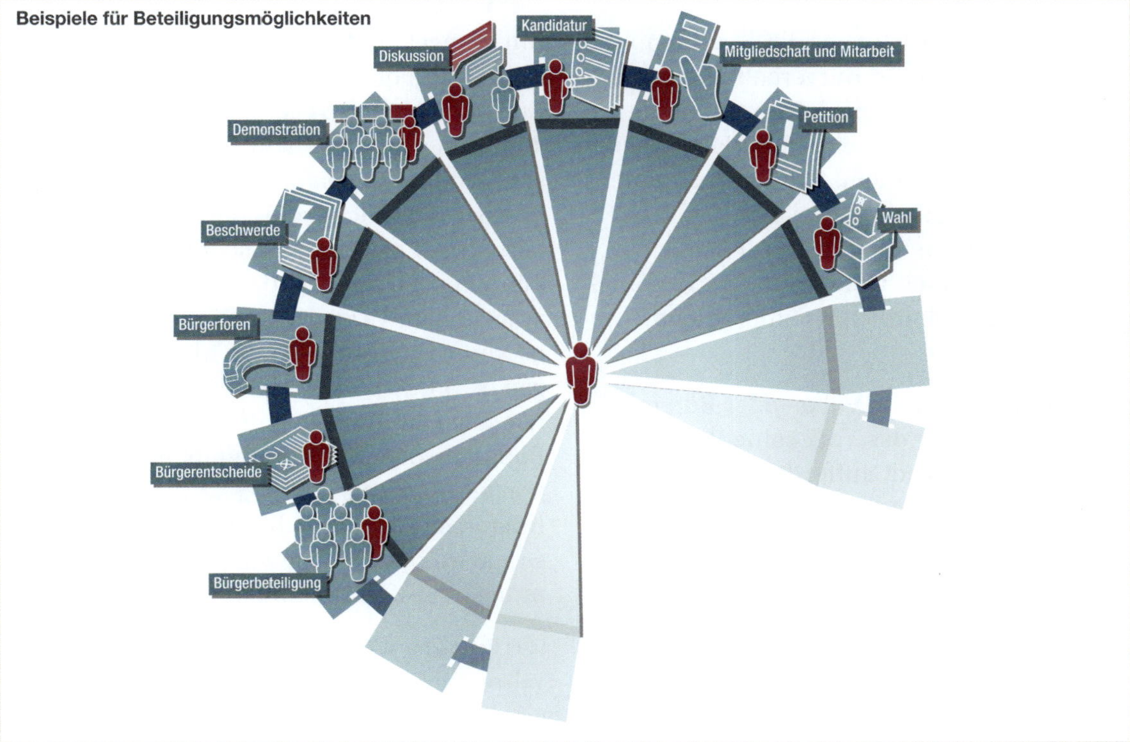


3 Nennen Sie weitere Möglichkeiten politischer Partizipation.

4 Analysieren Sie die Chancen einer Bürgerbeteiligung durch digitale Medien.

## 1.2.2 Mehr Demokratie durch direkte Bürgerbeteiligung?

Viele Bürger in Deutschland haben das Gefühl, dass es immer weniger um die Interessen der Bürger geht, dafür umso mehr um die Interessen der Parteien und Politiker. Der Ruf nach direkter Bürgerbeteiligung wird immer lauter. Eine Umfrage der TV-Sendung „hart aber fair" im Oktober 2016 hat ergeben, dass 71 % der Bevölkerung Deutschlands für die Durchsetzung direkter Demokratie in Form von Volksentscheiden sind. Das Grundgesetz sieht nur zwei Möglichkeiten für die Durchführung direkter Demokratie auf Bundesebene vor: bei der Auflösung des Grundgesetzes und bei einer Neugliederung des Bundesgebietes.

### Wer das Volk befragt, bekommt wichtige Hinweise M1

Das einfachste Instrument direkter Demokratie ist die Volks- oder Bürgerbefragung, bei der die Stimmbürger nach ihrer Meinung zu einem Gesetzentwurf, einem Projekt, einer Planung gefragt werden. Das Ergebnis einer Befragung kann für das Parlament und für die Exekutive ein wichtiger politischer Hinweis sein, auch wenn es die parlamentarischen und exekutiven Gremien nicht bindet.

Gewichtiger wäre die Volks- oder Bürgerinitiative, mit der das Volk seine Repräsentanten im Parlament auffordern kann, eine gesetzliche Regelung, eine Satzung oder ein Projekt zu beschließen. (...) Gesetzgebung durch das Volk geht weiter als die Befragung oder die Initiative, weil hier das Volk und nicht das Parlament entscheidet. Dieses Instrument kann durch ein erfolgreiches Volksbegehren oder durch einen Parlamentsbeschluss zustande kommen. (...)

Ein Mangel bei Volksabstimmungen ist, dass für das Ergebnis am Ende niemand persönlich verantwortlich ist. Bei einer Volksabstimmung kann das Volk, wenn die Entscheidung sich später als Fehlentscheidung erweist, sich nicht selbst abwählen. Gesetzbeschlüsse parlamentarischer Gremien können jederzeit geändert (novelliert) oder aufgehoben werden. (...) Direkte Demokratie ist keine Garantie gegen Fehlentscheidungen. (...) Das Volk kann sich genauso irren wie das von ihm gewählte Parlament. Populistische Demagogen gibt es bei Wahlen wie bei Abstimmungen, und die Macht der Interessen, vor allem der Wirtschaftsinteressen, wird bei Wahlen wie bei Volksabstimmungen Einfluss nehmen.

(aus Peter Conradi: Direkte Demokratie – Wozu taugen Volksentscheide, wozu nicht? www.stuttgarter-zeitung.de)

1 Nennen Sie Möglichkeiten der direkten Demokratie.

2 Erörtern Sie die Chancen und Risiken von Volksentscheiden.

## Direkte Bürgerbeteiligung allein reicht nicht M2

Die Politologin Isabelle Stadelmann-Steffen (Universität Bern) hat nachgewiesen, dass die Bevölkerung in Schweizer Kantonen, in denen Entscheidungen nach Volksabstimmungen öfter umgesetzt wurden, zufriedener mit der Demokratie war. Sie warnt aber davor, direkte Demokratie als Allheilmittel für die Demokratie zu sehen. Die Anforderungen an den Bürger wären sehr viel höher als bei einfachen Wahlen. Man müsse sich auskennen, müsse die Vorlagen lesen und wissen, was die Gegner wollen. Direkte Demokratie funktioniere also nur, wenn die Bürger sich informieren und im Zweifel bereit seien, unpopuläre Entscheidungen zu treffen. (Originalbeitrag)

3 Schreiben Sie einen Forum-Beitrag zur Frage: „Soll in Deutschland der Volksentscheid als Form der direkten Demokratie regelmäßig angewandt werden?“ Beziehen Sie die Argumente aus [M1] und [M2] ein. Notieren Sie ihn in Ihrem Hefter.

## Bürgerinitiativen M3

Bürgerinitiativen entstehen, weil gleichgesinnte Bürger die Initiative ergreifen und Interessen durchsetzen wollen. Sie sind meist lockere Zusammenschlüsse, entstehen spontan und anlassbezogen und bestehen in der Regel solange, bis entweder ihre Ziele durchgesetzt sind oder aber deren Durchsetzung nicht mehr möglich erscheint. Bürgerinitiativen sind thematisch sehr breit gefächert, parteienunabhängig und wollen die Öffentlichkeit mobilisieren. Sie wollen auf Missstände aufmerksam machen und Entwicklungen beeinflussen. Jeder kann eine Bürgerinitiative gründen. Die gesetzliche Grundlage dafür ist im Grundgesetz verankert (Art. 5 Meinungsfreiheit, Art. 8 Versammlungsfreiheit, Art. 9 Vereinigungsfreiheit). (Originalbeitrag)

4 Erläutern Sie mithilfe einer Internetrecherche Themen und Ziele von Bürgerinitiativen.

## 1.2.3 Parteien – unverzichtbarer Bestandteil der Politik?

Parteien besitzen in Deutschland eine wichtige Funktion für den demokratischen Prozess. Im Parteiengesetz ist u. a. klar geregelt, welche Stellung und welche Aufgaben die Parteien haben, wie die Parteiwahlen stattfinden müssen, wie die Finanzen geregelt werden oder wann eine Partei keine Partei mehr sein kann.

1 Internetrecherche: Nennen Sie mindestens 10 Parteien Deutschlands.

2 Wählen Sie sich eine Partei, die nicht im Bundestag vertreten ist, aus und beschreiben Sie deren Zielsetzungen.

3 Nennen Sie konkrete Beispiele, wie eine Partei die im Parteiengesetz vorgeschriebene Aufgabe erfüllen kann.

| **§ 2 Parteien wirken an der Bildung des politischen Willens des Volkes auf allen Gebieten des öffentlichen Lebens mit, indem sie insbesondere …** | |
|---|---|
| auf die Gestaltung der öffentlichen Meinung Einfluss nehmen. | |
| die aktive Teilnahme der Bürger am politischen Leben fördern. | |
| zur Übernahme öffentlicher Verantwortung befähigte Bürger heranbilden. | |
| sich durch Aufstellung von Bewerbern an den Wahlen in Bund, Ländern und Gemeinden beteiligen. | |
| auf die politische Entwicklung und Regierung Einfluss nehmen. | |
| die von ihnen erarbeiteten politischen Ziele in den Prozess der staatlichen Willensbildung einführen. | |
| für eine ständige lebendige Verbindung zwischen dem Volk und den Staatsorganen sorgen. | |

## Die meisten Deutschen halten Parteien für realitätsfremd M1

Das Vermögen ist ungerecht verteilt. Die Parteien wissen nicht, welche Sorgen die Menschen haben. Und die Medien berichten nicht anständig: Eine Umfrage offenbart ausgesprochen miese Stimmung im Land.

Drei Viertel der deutschen Bevölkerung werfen den etablierten Parteien vor, sich von der Lebensrealität der Bevölkerung entfernt zu haben. Das geht aus einer Umfrage von Emnid im Auftrag von N24, dem Fernsehsender der „Welt"-Gruppe, hervor. (...)

Was die gesellschaftlichen Verhältnisse angeht, äußert eine Mehrheit der Bürger Unzufriedenheit: Sechs von zehn Bürgern sind der Auffassung, dass diese insgesamt ungerecht seien. Anhänger von CDU und CSU finden die gesellschaftliche Situation dabei häufiger gerecht als SPD-Unterstützer (58 beziehungsweise 45 Prozent).

Am größten wird die empfundene Ungerechtigkeit beim Thema Steuern offensichtlich: Sieben von zehn Deutschen finden die Abgabenlast unfair verteilt. Fast so viele sehen Missstände bei der Vermögensverteilung in der Bundesrepublik.

Knapp mehr als die Hälfte sieht zudem keine gerechten Chancen im Bildungsbereich; etwas weniger als die Hälfte schätzt ihre Karrierechancen negativ ein. 47 Prozent der Deutschen glauben, es herrsche keine Gerechtigkeit mit Blick auf die Möglichkeiten, Einfluss auf die Gesellschaft zu nehmen. (...)

(aus: Johannes Wiedemann, Thomas Vitzthum: Die meisten Deutschen halten Parteien für realitätsfremd. www.welt.de)

**4** Schreiben Sie einen Kommentar über Ursachen des Vertrauensverlustes gegenüber den Parteien. Was sollten die Parteien tun, um das Vertrauen wiederherzustellen? [M1]

# 1.3 Wahlen

## 1.3.1 Ohne Wahlen keine Demokratie – keine Demokratie ohne Wahlen

In regelmäßigen Abständen finden in Deutschland Wahlen auf Bundes-, Landes-, Kreis- und Gemeindeebene statt. Die Stimmabgabe bei Wahlen ist die allgemeinste Form der politischen Beteiligung der Bürger und die Voraussetzung für die Regierungsbildung. Ein offener Wettbewerb politischer Parteien um die Macht, die Möglichkeit Regierungen durch Wahlen abzulösen und die Richtung der Politik mitbestimmen zu können, kennzeichnen demokratische Staaten. Auch die Grundsätze, nach denen Wahlen stattfinden, sind entscheidend. Wahlrecht besitzen in Deutschland alle Staatsbürger ab 18 Jahren, unabhängig ihrer Herkunft, ihrer Religion, ihres Einkommens oder ihres Geschlechts. Jeder Wähler darf unter mehreren Parteien oder Kandidaten auswählen.

### Artikel 38 Abs. 1 GG — M1

Satz 1 Die Abgeordneten des Deutschen Bundestages werden in **allgemeiner, unmittelbarer, freier, gleicher** und **geheimer** Wahl gewählt.

**1** Ordnen Sie die Wahlgrundsätze den entsprechenden Erläuterungen zu.

### Wahlgrundsätze — M2

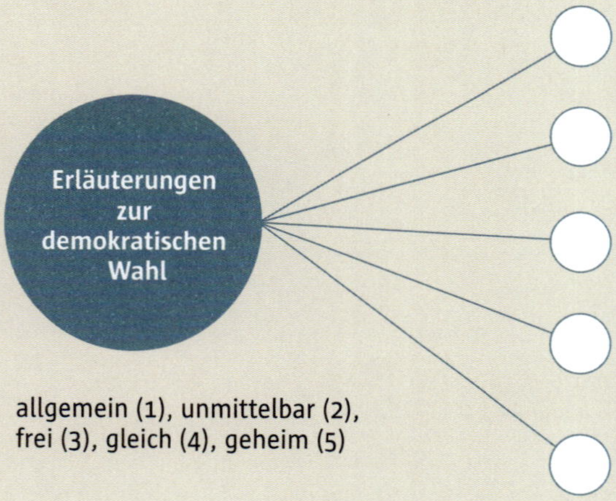


allgemein (1), unmittelbar (2), frei (3), gleich (4), geheim (5)

- Jeder Bundesbürger ab 18 Jahren darf die Abgeordneten des Bundestages wählen. ______
- Alle Wähler haben gleich viele Stimmen und jede Stimme zählt gleich viel. ______
- Niemand darf zur Abgabe seiner Stimme gezwungen werden. ______
- Die Kandidaten werden direkt gewählt. Es gibt keine Wahlmänner. ______
- Jeder gibt seine Stimme in einer Wahlkabine ab. Niemand darf wissen, wer wie gewählt hat, außer derjenige gibt es selbst bekannt. ______

**2** Beschreiben Sie, wie sich demokratische Wahlen auf die aktuelle Politik auswirken.

## Die Funktion von Wahlen M2

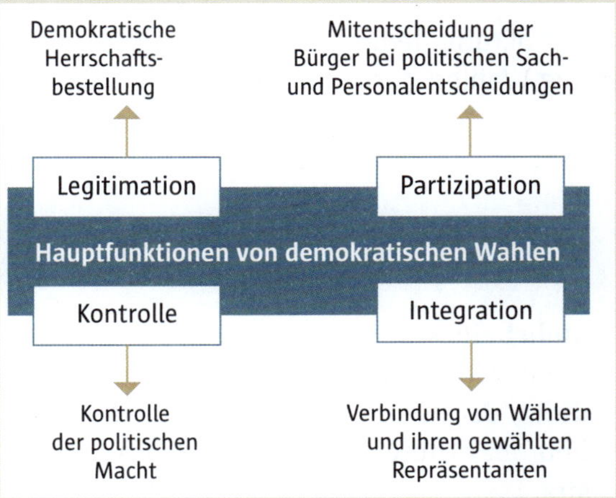


Gert Egle/www.teachsam.de, lizensiert unter CC-BY-SA 4.0 International license

**3** Schreiben Sie einen Zeitungsartikel zum Thema „Ohne Wahlen keine Demokratie – keine Demokratie ohne Wahlen." [M1] und [M2]

## Aktives und passives Wahlrecht M3

Im Wahlrecht wird zwischen aktivem und passivem Wahlrecht unterschieden. Aktives Wahlrecht bedeutet, dass Menschen das Recht besitzen, sich an politischen Wahlen zu beteiligen. In Deutschland ist das aktive Wahlrecht an die deutsche Staatsbürgerschaft gebunden und an das Mindestalter von 18 Jahren. In einigen Bundesländern (Brandenburg, Schleswig-Holstein, Bremen, Hamburg) wird das aktive Wahlrecht bei den Landtagswahlen bereits mit der Vollendung des 16. Lebensjahres gewährt. Das passive Wahlrecht ist das Recht, gewählt zu werden. Personen können sich als Kandidaten aufstellen lassen und sind wählbar. Voraussetzung für das passive Wahlrecht ist ebenfalls die Vollendung des 18. Lebensjahres, die deutsche Staatsbürgerschaft und der Nachweis des Wohnsitzes im Wahlgebiet über mindestens 6 Monate. Das passive Wahlrecht kann für einzelne Ämter auch höhere Anforderungen besitzen: So liegt das Mindestalter für die Wahl des Bundespräsidenten bei 40 Jahren. Das passive Wahlrecht für Richter des Bundesverfassungsgerichts liegt zwischen 40 und 68 Jahren.

**4** Erläutern Sie die Unterscheidung zwischen aktivem und passivem Wahlrecht.

## 1.3.2 Verhältnis- versus Mehrheitswahl

Wahlen sind ein wesentliches Grundprinzip der Demokratie. Jeder Gesetzgeber muss aber auch entscheiden, nach welchen Prinzipien die Wahlen durchgeführt werden sollen: Repräsentationsprinzip oder Verteilungsprinzip.

**M1**

**Verhältniswahl**

Bei der Verhältniswahl bekommen die Parteien so viel Sitze, wie sie prozentual an Stimmen gewonnen haben.

**Vorteile:**
- Die Sitzverteilung zeigt direkt den Wahlerfolg der Partei.
- Jede Stimme zählt.
- Auch kleinere Parteien haben die Chance, ins Parlament einzuziehen.
- Neue gesellschaftliche Entwicklungen oder politische Strömungen können schnell Einzug ins Parlament halten.
- Politische Entscheidungen werden durch Kompromisse getroffen.

**Nachteile:**
- Die Wahl vieler Parteien kann zur Zersplitterung des Parlaments führen und eine Mehrheitsfindung erschweren.
- Die Wähler haben keinen Einfluss darauf, welche Personen in das Parlament einziehen, da die Parteien Kandidatenlisten aufstellen.

**Mehrheitswahl**

Bei der Mehrheitswahl bekommt der Kandidat, der in einem Wahlkreis die Mehrheit der Stimmen erhält, den Parlamentssitz.

**Vorteile:**
- Eine Zersplitterung des Parlaments wird verhindert, weil kleinere Parteien weniger Chancen haben, gewählt zu werden.
- Die Wahlen ergeben sichere Mehrheiten und damit stabile Regierungen.
- Die Wähler wählen in ihren Wahlkreisen direkt die Personen, die ins Parlament einziehen.
- Die Regierungsbildung hängt stark vom Wählerwillen ab und nicht von Koalitionsverhandlungen.

**Nachteile:**
- Nicht jede Stimme zählt (die Wählerstimmen der unterlegenen Kandidaten gehen verloren).
- Durch die Konzentration auf große Parteien können leichter „Zweiparteiensysteme“ entstehen.

(Originalbeitrag)

**1** Vergleichen Sie beide Wahlsysteme.

| | Verhältniswahl | Mehrheitswahl |
|---|---|---|
| <u>Verteilungsprinzip</u> – Wer bekommt die Stimmen? Derjenige, der die meisten Stimmen hat oder Aufteilung entsprechend dem Anteil? | | |
| <u>Repräsentationsprinzip</u> – Welches Ziel wird mit der Wahl verfolgt: eindeutige Mehrheiten oder Vertretung unterschiedlicher Interessen und politischer Strömungen? | | |

## Die Sitzverteilung berechnen M2

In unserem Beispiel werden beide Wahlsysteme angewandt. Das Parlament soll sich aus 100 Abgeordneten zusammensetzen, 50 % der Abgeordneten werden in den 50 Wahlkreisen nach dem Mehrheitswahlsystem gewählt und 50 % der Abgeordneten werden nach dem Verhältniswahlrecht in das Parlament einziehen s. [M1]. Insgesamt gibt es 22.000 wahlberechtigte Bürger, davon geben 18.750 ihre Stimme ab.

Drei Parteien kämpfen um die Sitze.

| Partei | Partei X | Partei Y | Partei Z |
|---|---|---|---|
| Anzahl der gewonnen Mandate in den Wahlkreisen | 17 | 23 | 10 |
| Sitze im Parlament | 17 | | |
| Erhaltene Stimmen nach dem Verhältniswahlrecht | 11.200 | 5350 | 2200 |
| Anteil in Prozent | 59,73 | | |
| Sitze im Parlament | 30 | | |
| Anzahl der Gesamtsitze im Parlament | 47 | | |

**2** Vervollständigen Sie die Tabelle, durch die Berechnung der Sitzverteilung.

Beispiel für Partei X:

$$\text{Anteil in Prozent } p_x = \frac{\text{Anzahl der Stimmen für die Partei} \times 100\,\%}{\text{Anzahl aller abgegebenen Stimmen}} = \frac{11\,200 \times 100}{18\,750}$$

$$= 59{,}73\,\% \text{ der Stimmen}$$

$$\text{Anzahl der Sitze } S = \frac{\text{Anzahl der Sitze} \times \text{erreichte Prozent}}{100} = \frac{50 \times 59{,}73}{100} = 29{,}86 = 30 \text{ Sitze}$$

**3** Partei X hat insgesamt mehr als doppelt so viele Stimmen wie Partei Y erhalten, aber nicht doppelt so viele Sitze. Erklären Sie mit Hilfe der Tabelle, wie sich die Anwendung der verschiedenen Wahlsysteme auf die Stimmenverteilung auswirken kann.

## 1.3.3 Der Bundestag muss umgebaut werden

Das in Deutschland angewandte Prinzip der personalisierten Verhältniswahl bindet Elemente der Mehrheitswahl in das Verhältniswahlsystem ein. Deutschland ist in 299 Wahlkreise unterteilt (Stand 2018). Jeder Wähler hat zwei Stimmen. Mit der Erststimme wird ein Kandidat gewählt, mit der Zweitstimme eine Partei. Die Zahl der Abgeordneten im Bundestag beträgt rein rechnerisch 598 Abgeordnete, aber die Zahl der Abgeordneten kann davon abweichen – und dann muss der Plenarsaal im Bundestag umgebaut werden.

### Personalisierte Verhältniswahl M1

In jedem Wahlkreis tritt für jede Partei ein Kandidat an. Personen können sich als Kandidaten zur Verfügung stellen. Mit der Erststimme (linke Spalte des Wahlzettels) wird eine Person gewählt. Der Kandidat, der in seinem Wahlkreis die meisten Stimmen erhält, bekommt ein Direktmandat und ist für den Bundestag gewählt. Mit der Erststimme ist somit die Hälfte der Sitze im Bundestag vergeben. Damit ist gewährleistet, dass alle Regionen Deutschlands im Bundestag durch einen Kandidaten vertreten sind.

Mit der Zweitstimme (rechte Spalte des Wahlzettels) wählt der Bürger eine Partei. Die Parteien erstellen vor der Wahl für jedes Bundesland eine Liste. Auf dieser Liste stehen Personen, die sich im Deutschen Bundestag engagieren wollen. Wie viele Personen auf der Liste einen Sitz im Bundestag erhalten, bestimmt sich nach den Stimmen, die die Partei insgesamt erhalten hat. Je weiter oben ein Kandidat in dieser Liste steht, desto größer ist die Wahrscheinlichkeit, dass diese Person in den Bundestag gewählt wird. Hat eine Partei zum Beispiel 30 % Prozent der Zweitstimmen erhalten, stehen ihr auch 30 % der Sitze zu. Daher entscheidet die Zweitstimme darüber, wie stark eine Partei im Bundestag vertreten ist.

Die Direktmandate werden mit der durch die Wahl gewonnenen Gesamtsitzzahl der Parteien verrechnet. Sogenannte Überhangmandate entstehen, wenn mehr Direktmandate gewonnen werden, als der Partei prozentual an Stimmen zustehen würde. Damit die Zusammensetzung des Bundestages wieder dem Verhältnis der abgegebenen Stimmen entspricht, bekommen die anderen Parteien Ausgleichsmandate. Die Überhangmandate dürfen nicht mehr als 5 % aller Bundestagssitze ausmachen. Je mehr Parteien in den Bundestag gewählt werden, desto schwieriger ist es oftmals, die Regierungsfähigkeit zu erhalten. Deshalb wurde die 5-Prozent-Klausel als Sperrklausel eingeführt. Eine Partei darf nur dann in den Bundestag einziehen, wenn sie mindestens 5 % aller Zweitstimmen oder drei Direktmandate erhält.

**1** Erklären Sie folgende Begriffe:

Erststimme:

Zweitstimme:

Direktmandat:

Überhangmandat:

Ausgleichsmandat:

5-Prozent-Klausel:

**2** Erläutern Sie den Zusammenhang zwischen Überhangmandaten und der Veränderung der Anzahl der Abgeordneten und dem damit notwendigen Umbau des Bundestages.

**3** Begründen Sie die Aussage: Die Zweitstimme ist die wichtigere.

## Stimmensplitting

M2

Der Vorteil des „Zweistimmenwahlrechts“ ist, dass die Stimmen auch „gesplittet“ werden können. Erst- und Zweitstimme müssen nicht derselben Partei gegeben werden. Die Erststimme kann einem Kandidaten gegeben werden, der nicht der Partei angehört, die mit der Zweitstimme gewählt wird. Der Wahlzettel ist auch gültig, wenn nur eine Stimme abgegeben wird, egal, ob es die Erst- oder Zweitstimme ist.

**4** Begründen Sie die Vorteile des Stimmensplittings.

**5** Stimmensplitting kann die Anzahl der Direktmandate beeinflussen. Begründen Sie den Zusammenhang.

## 1.3.4 So wählen Sie

Alle Staatsbürgerinnen und -bürger besitzen das Stimmrecht unabhängig von Konfession, Bildung, Geschlecht, Sprache, Einkommen, Beruf oder politischer Überzeugung. Wie die Wahlen ablaufen und welche Bedingungen einzuhalten sind, ist im Bundeswahlgesetz festgeschrieben. Für jede Wahl werden Wahlausschüsse und Wahlvorstände festgelegt. Die Beisitzer der Wahlausschüsse und die Mitglieder der Wahlvorstände üben ihre Tätigkeit ehrenamtlich aus. Jeder wahlberechtigte Bürger ist zur Übernahme dieses Ehrenamtes verpflichtet. Das Ehrenamt darf nur aus wichtigen Gründen abgelehnt werden.

M1

86 050 © Bergmoser + Höller Verlag AG

**1** Beschreiben Sie den Ablauf einer Wahl.

**2** Entscheiden Sie, ob die jeweilige Aussage richtig oder falsch ist und berichtigen Sie die falschen Aussagen.

| | Richtig | Falsch | Berichtigung |
|---|---|---|---|
| Wer sein Wahlrecht wahrnimmt, hat die Möglichkeit eine Machtkorrektur vorzunehmen. | | | |
| Mit der Zweitstimme können Sie entscheiden, welche Personen direkt in den Bundestag gewählt werden. | | | |
| Die Erststimme ist entscheidend für die Zusammensetzung der Regierung. | | | |
| Zur Bundestagswahl sind Parteien und Vereine zugelassen. | | | |
| Jeder Bürger, der über einen Personalausweis verfügt, kann wählen gehen. | | | |
| Ihre Stimme ist nur gültig, wenn Erst-und Zweitstimme der gleichen Partei gegeben werden. | | | |
| Der Kandidat, der in seinem Wahlkreis die meisten Stimmen erhält, kommt nur in den Bundestag, wenn auch seine Partei gewinnt. | | | |
| Mit Ihrer Entscheidung, nicht zur Wahl zu gehen, schwächen Sie die extremistischen Parteien. | | | |
| Ihre Stimme für eine Partei ist wichtiger als die für den Kandidaten. | | | |
| Wählen zu gehen heißt auch, die Zukunft mitzugestalten. | | | |
| Die 5-Prozent-Klausel legt fest, dass mindestens 5 Prozent der Bevölkerung wählen müssen. | | | |
| Zweistimmenwahlrecht bedeutet, dass ich meine Stimmen auch zwei Parteien geben kann. | | | |
| Die 5-Prozent-Klausel verhindert, dass Parteien in den Bundestag einziehen, die nur wenige Stimmen erhalten haben. | | | |

## 1.3.5 Zum Wählen quälen?

Es gibt mehr als 60 Millionen Wahlberechtigte in Deutschland. Die Wahlbeteiligung bei den Bundestagswahlen erreichte 2009 mit 70,8 % ihren niedrigsten Stand, 2013 lag sie bei 71,5 %. Geringere Wahlbeteiligung gibt es bei den Landtagswahlen, hier gibt es große Schwankungen (Hessen 2013 – 73,2 %, Brandenburg 2014 – 47,9 %). An den Europawahlen beteiligen sich sogar noch weniger Menschen. Bei allen Wahlen ist die Wahlbeteiligung in der Altersgruppe zwischen 21 und 25 Jahren am geringsten.

### Zum Wählen quälen M1

**(…) Wir brauchen eine Wahlpflicht. Denn das massenweise Nichtwählen ist auch eine unterlassene Hilfeleistung für die Demokratie. Ein Kommentar von Ariane Bemmer**

Es wirkt fast wie ein Ereignis an sich, so ernsthaft und regelmäßig wird darüber berichtet: das Wetter am Wahltag. Temperatur- und Niederschlagsangaben sind von Wahltagsberichten nicht mehr zu trennen und folgen rituell auf Angaben zur Wahlbeteiligung: Wie ist die Wahlbeteiligung? Niedrig. Und das Wetter? Regnerisch und kühl. Ach so, na dann! Na dann? Dann wählen wir heute mal nicht, weil der Weg zur Wahlkabine den Gebrauch eines Regenschirms erfordern würde, und wo der nun wieder ist, weiß ja auch kein Mensch.

(…) Natürlich hat es andere Gründe, wenn Menschen (…) nicht wählen gehen. Vielleicht ist das Ausdruck ihres wohlüberlegten Protests und der Überzeugung, dass ihre Stimme ohnehin nichts ändere. Aber vielleicht ist mehr noch eine gewisse Bequemlichkeit mitbestimmend – Motto: Wird schon auch ohne mich laufen. Und so könnte jetzt eine gute Zeit sein, sich das Wahlrecht mal als Wahlpflicht vorzustellen – wie es sie beispielsweise in Belgien oder Luxemburg gibt.

#### Je schlechter Politik, desto stimmgewaltiger sollte sie bewertet werden

(…) Wahlpflicht ist unbeliebt, wie Pflichten das generell sind. An die meisten gewöhnt der Mensch sich aber schnell – sogar solche, die seinen Alltag betreffen: Es gibt Schulpflicht, Krankenversicherungspflicht, Sozialversicherungspflicht, Unterhaltspflicht, Gurtpflicht, Helmpflicht. Eine Wahlpflicht spürt man nur in Jahresabständen, und vielleicht stellt sich wie bei den anderen Pflichten irgendwann das Gefühl ein, sie sei etwas Gutes. Einen Versuch könnte es wert sein.

(aus: Ariane Bemmer: Zum Wählen quälen. www.tagesspiegel.de)

**1** Listen Sie auf, was für die Einführung einer Wahlpflicht spricht [M1].

## Warum Wählen wichtig ist

M2

Nicht wählen gehen heißt, die Möglichkeit mitzubestimmen, zu verschenken. Viele mutige Männer und Frauen haben dafür gekämpft, Deutschland zu einem demokratischen Land zu machen. Alle Bürgerinnen und Bürger haben das gleiche Stimmrecht – deswegen ist jede einzelne Stimme entscheidend.

Wählen heißt Verantwortung zu übernehmen. Die Politik entscheidet heute über viele Themen von morgen. Gerade junge Leute werden sich mit aktuellen Entscheidungen noch lange beschäftigen. Ein Beispiel ist die Energiewende, die Deutschland in den nächsten Jahrzehnten prägen wird – schon heute werden hier zentrale Weichen gestellt. Wer heute darauf verzichtet zu wählen, verzichtet auch darauf, die eigene Zukunft mitzugestalten.

Wählen ist Teilhabe. Wenn Sie nicht entscheiden, entscheiden andere für Sie. Verantwortung zeigt, wer mitgestalten will und zur Wahl geht.

Wählen ist ein Privileg. Noch heute wird in vielen Teilen der Welt um Demokratie gekämpft. Auch in unserem Land gibt es erst seit 1990 flächendeckend freie Wahlen. Das Wahlrecht ist ein Ausdruck der Wertschätzung jedes einzelnen Bürgers.

Wählen ist unser bester Schutz gegen Extremisten. Wer nicht wählt, erleichtert es extremistischen politischen Strömungen einen größeren Einfluss auf unsere Gesellschaft und die Politik zu bekommen. Eine hohe Wahlbeteiligung kann ein böses Erwachen verhindern.

(aus: Martin Schwanholz, MdB; http://martin-schwanholz.de)

**2** Legen Sie dar, welche der in [M2] aufgeführten Argumente für Sie entscheidend wären, um an Wahlen teilzunehmen.

**3** Vergleichen Sie beide Artikel. Welche gemeinsame Grundeinstellung können Sie erkennen und wie wird diese jeweils begründet?

**4** Stellen Sie Argumente für eine Pro-Kontra-Diskussion zusammen: „Sollte in Deutschland die Wahlpflicht eingeführt werden?“

# 1.4 Gewaltenteilung

## 1.4.1 Geteilte Demokratie?

Gewaltenteilung gehört mit zu den Grundprinzipien der Demokratie. In Deutschland ist die Gewaltenteilung im Grundgesetz festgeschrieben. Bedeutet Teilung der Macht auch Teilung der Demokratie?

### Montesquieu: Vom Geist der Gesetze (1748) M1

In jedem Staat gibt es drei Arten von Gewalt: die gesetzgebende Gewalt, die vollziehende Gewalt in Ansehung der Angelegenheiten, die vom Völkerrechte abhängen und die vollziehende Gewalt hinsichtlich der Angelegenheiten, die vom bürgerlichen Recht abhängen. Vermöge der ersten gibt der Fürst oder Magistrat Gesetze auf Zeit oder für immer, verbessert er die bestehenden oder hebt sie auf. Vermöge der zweiten schließt er Frieden oder führt er Krieg, schickt oder empfängt Gesandtschaften, befestigt die Sicherheit, kommt Invasionen zuvor. Vermöge der dritten straft er Verbrechen oder spricht das Urteil in Streitigkeiten der Privatpersonen: Ich werde diese letzte die richterliche Gewalt und die andere schlechthin die vollziehende Gewalt des Staates nennen. (...)

Wenn in derselben Person oder dergleichen obrigkeitlichen Körperschaft die gesetzgebende Gewalt mit der vollziehenden vereinigt ist, gibt es keine Freiheit; denn es steht zu befürchten, dass derselbe Monarch oder derselbe Senat tyrannische Gesetze macht, um sie tyrannisch zu vollziehen. Es gibt ferner keine Freiheit, wenn die richterliche Gewalt nicht von der gesetzgebenden und vollziehenden getrennt ist. Ist sie mit der gesetzgebenden Gewalt verbunden, so wäre die Macht über Leben und Freiheit der Bürger willkürlich, weil der Richter Gesetzgeber wäre. Wäre sie mit der vollziehenden Gewalt verknüpft, so würde der Richter die Macht eines Unterdrückers haben. (...) Die richterliche Gewalt darf nicht an einen dauernden Senat [Rat der Ältesten] gegeben, sondern muß von Personen ausgeübt werden, die zu bestimmten Zeiten des Jahres in gesetzlich vorgeschriebener Weise aus der Mitte des Volkes entnommen werden (...). Da in einem freien Staate jeder, dem man einen freien Willen zuerkennt, durch sich selbst regiert sein sollte, so müsste das Volk als Ganzes die gesetzgebende Gewalt haben. Das aber ist in den großen Staaten unmöglich, in den kleinen mit vielen Misshelligkeiten verbunden. Deshalb ist es nötig, dass das Volk durch seine Repräsentanten das tun lässt, was es nicht selbst tun kann.

(aus: Charles-Louis de Secondat et de Montesquieu: Vom Geist der Gesetze. In neuer Übertragung eingeleitet und herausgegeben v. Ernst Forsthoff. 1. Bd. Tübingen 1951, S. 214–226; zit. nach: Behschnitt, W. Die Französische Revolution, Quellen und Darstellungen, in: Politische Bildung, Materialien für den Unterricht. Stuttgart 1978, S. 17 ff.)

1 Legen Sie dar, wie Montesquieu die Notwendigkeit der Gewaltenteilung begründet.

M2

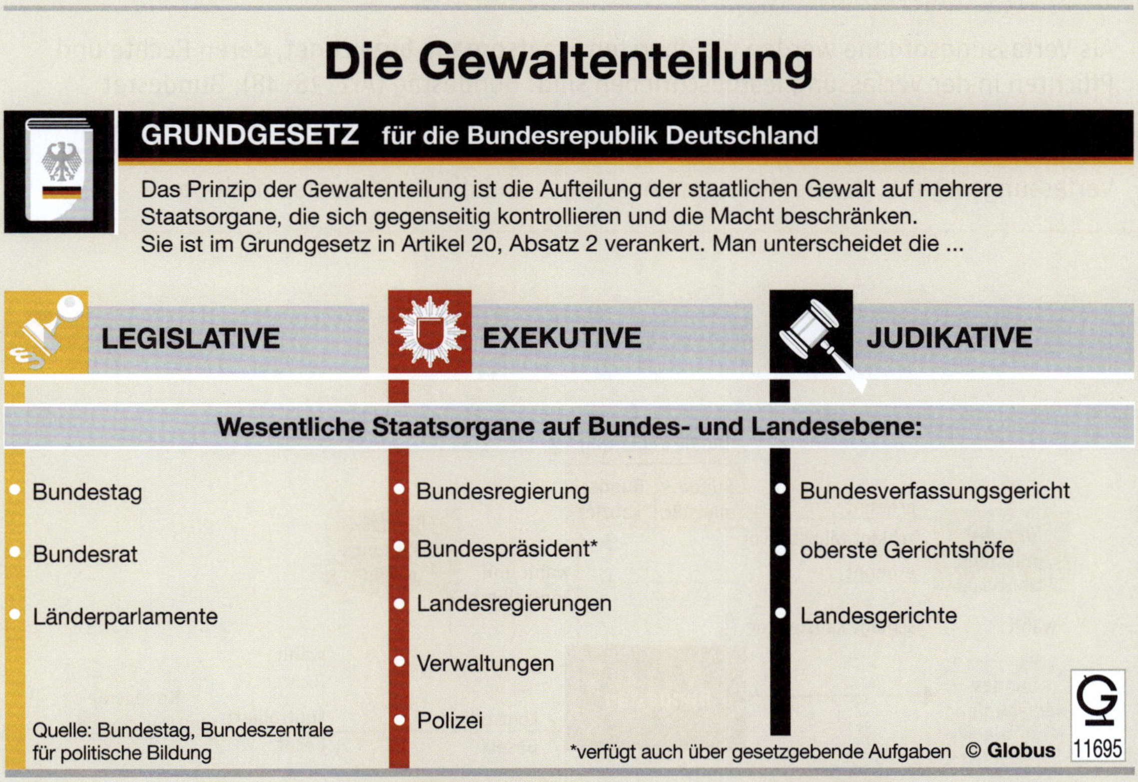


(© mks, Bundeszentrale für politische Bildung)

**2** Fügen Sie den Fachbegriffen die entsprechende deutsche Bezeichnung hinzu.

Die Legislative = ______________________: Hierzu gehören alle Staatsorgane, die für die Gesetzgebung zuständig sind.

Die Exekutive = ______________________: Die Verantwortung liegt darin, die beschlossenen Gesetze umzusetzen.

Die Judikative = ______________________: Die Aufgabe besteht darin, die Exekutive und die Legislative zu überwachen, z. B. durch die Prüfung, ob die Verfassung beachtet wurde oder auch bei Klagen der Bürger gegen Verwaltungsakte.

**3** Begründen Sie, warum die Gewaltenteilung ein entscheidendes Merkmal eines demokratischen Staates ist.

## 1.4.2 Verfassungsorgane im Überblick

Als Verfassungsorgane werden die obersten Staatsorgane bezeichnet, deren Rechte und Pflichten in der Verfassung festgeschrieben sind: Bundestag (Art. 38–48), Bundesrat Art. 50–53), Bundesregierung (Art. 62–69), Bundespräsident (Art. 54–61) und Bundesverfassungsgericht (Art. 93, 94, 99). Darüber hinaus gibt es auch noch zwei nicht ständige Verfassungsorgane: der Gemeinsame Ausschuss und die Bundesversammlung.

### Die Verfassungsorgane M1

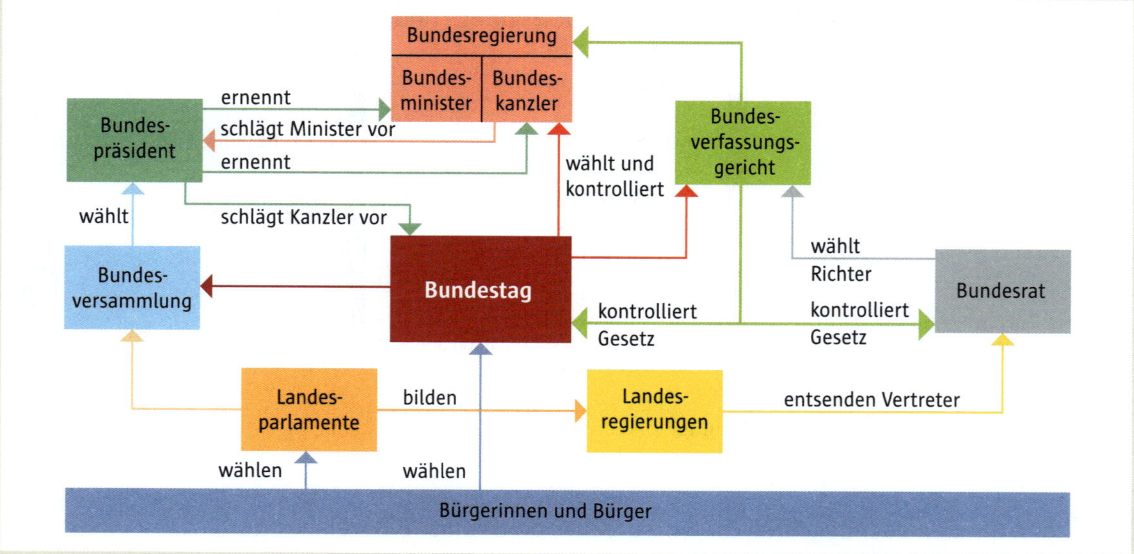


**1** Beschreiben Sie die Grafik: In welcher Beziehung stehen die Verfassungsorgane zueinander? Wer kontrolliert wen?

**2** Vergleichen Sie die Wahlen der Mitglieder des Bundestages mit der Wahl zum Bundeskanzler und Bundespräsidenten und erklären Sie die Begriffe „direkte Wahl“ und „indirekte Wahl“.

## Prinzip der Verfassungsorgantreue M2

Die Verfassungsorgane sind bei der Ausübung ihrer Tätigkeit zu gegenseitiger Rücksichtnahme und zum kooperativen Verhalten verpflichtet. Bei Auseinandersetzungen sind die Verfassungsorgane verpflichtet, einen wechselseitigen Ausgleich zu finden.

3 Erläutern Sie Auswirkungen auf die „Tagespolitik“, wenn gegen das Prinzip der Verfassungsorgantreue verstoßen wird.

## Das Prinzip der Gewaltenverschränkung (checks and balances) M3

Die Gewaltenteilung unterteilt die Verfassungsorgane in die gesetzgebende Gewalt (Legislative), in die ausführende Gewalt (Exekutive) und in die rechtsprechende Gewalt (Judikative). Eine Vielzahl von Verbindungen und Verflechtungen stellt diese Verschränkung der Gewalten her. Dabei wirken die Organe gemeinsam oder auch gegeneinander. Dadurch entsteht ein System aus Kontrolle (checks) und dem Ausbalancieren (balances) der Interessen und Machtverhältnisse. So wird eine gewisse gegenseitige Kontrolle möglich, die einen Machtmissbrauch verhindern kann.

4 Begründen Sie, warum sowohl die Gewaltenteilung als auch die Gewaltenverschränkung notwendige Prinzipien demokratischer Staaten sind.

## 1.4.3 Der Bundespräsident

Der Bundespräsident steht über den Gewalten, ist höchster Repräsentant des deutschen Staates und verkörpert die Einheit Deutschlands.

**M1**

### Art. 55 Grundgesetz:

(1) Der Bundespräsident darf weder der Regierung noch einer gesetzgebenden Körperschaft des Bundes oder eines Landes angehören.

(2) Der Bundespräsident darf kein anderes besoldetes Amt, kein Gewerbe und keinen Beruf ausüben und weder der Leitung noch dem Aufsichtsrate eines auf Erwerb gerichteten Unternehmens angehören.

**1** Erläutern Sie den Begriff „Überparteilichkeit".

**2** Begründen Sie, warum für den Bundespräsidenten als „erster Mann" im Staat Unabhängigkeit und Überparteilichkeit festgeschrieben sind.

**M2**

3 Entscheiden Sie, ob die folgende, jeweilige Aussage richtig oder falsch ist, und berichtigen Sie die falschen Aussagen.

| | Richtig | Falsch | Berichtigung |
|---|---|---|---|
| Der Bundespräsident ist das Staatsoberhaupt Deutschlands. | | | |
| Der Bundespräsident prüft die Rechtmäßigkeit der Gesetze. | | | |
| Der Bundespräsident darf Mitglied der Regierung sein. | | | |
| Der Bundespräsident wird von den Bürgern direkt gewählt. | | | |
| Der Bundespräsident wird vom Bundestag bestimmt. | | | |
| Der Bundespräsident vertritt Deutschland völkerrechtlich. | | | |
| Der Bundespräsident wählt die Bundeskanzler. | | | |

## Die Kür des Bundespräsidentenamtes

M3

Der Bundespräsident verkörpert die Einheit Deutschlands. Aber politische Kompetenzen hat er nur wenige. Dahinter verbergen sich die bitteren Lehren aus der Weimarer Republik.

Die Bundesversammlung hat nach der Verfassung nur eine Aufgabe: die Wahl des Bundespräsidenten. Aber wer wird da eigentlich gewählt? Was wollten die Väter und Mütter des Grundgesetzes? Die Verfassung steht in der deutschen Verfassungsgeschichte. Also zunächst einmal auf den Füßen der Weimarer Reichsverfassung, die der Form nach auch die nationalsozialistische Herrschaft überlebte. Das Amt des Bundespräsidenten ist mit Blick auf die Erfahrungen mit dem Reichspräsidenten geschaffen worden. Nach der Weimarer Verfassung sollte der Reichspräsident als unmittelbar vom Volk gewähltes Staatsoberhaupt ein Gegengewicht zum Reichstag bilden. Er verkörperte gleichsam die damals weit verbreitete Skepsis gegenüber dem parlamentarischen Regierungssystem. Theodor Heuss (erster Bundespräsident von 1949–1959) sah seine Rolle im Rückblick gar als die eines „staatlich-dynamischen Gegenspielers“. Das geht nicht ohne Befugnisse. Doch gerade die umfangreichen Kompetenzen des direkt vom Volk gewählten Weimarer Reichspräsidenten – das Recht, das Parlament aufzulösen, mit Notverordnungen zu regieren, der Oberbefehl über die Streitkräfte – waren es, die aus Nachkriegssicht seinerzeit zum Untergang der Republik beitrugen.

(aus: Reinhardt Müller: Die Kür; in: www.faz.net, 12.02.2017)

4 Nennen Sie Gründe dafür, warum die Machtbefugnisse des Bundespräsidenten eingeschränkt sind.

## 1.4.4 Der Bundesrat

### Art. 50 Grundgesetz M1

Durch den Bundesrat wirken die Länder bei der Gesetzgebung und Verwaltung des Bundes und in Angelegenheiten der Europäischen Union mit.

Art. 51

(1) Der Bundesrat besteht aus Mitgliedern der Regierungen der Länder, die sie bestellen und abberufen. (...)

(2) Jedes Land hat mindestens drei Stimmen, Länder mit mehr als zwei Millionen Einwohnern haben vier, Länder mit mehr als sechs Millionen Einwohnern fünf, Länder mit mehr als sieben Millionen Einwohnern sechs Stimmen.

1 Beschreiben Sie die Aufgaben des Bundesrates [M1]. (Siehe auch „Die Verfassungsorgane", S. 30)

### Zustimmungsgesetze und Einspruchsgesetze M2

Immer dann, wenn ein Gesetz die Interessen der Bundesländer berührt, muss der Bundesrat einbezogen werden. Verweigert der Bundesrat bei „Zustimmungsgesetzen" seine Zustimmung, ist das Gesetzesvorhaben gescheitert. Das trifft zu bei Veränderungen des Grundgesetzes, wenn ein Gesetz die Finanzhoheit der Länder berührt oder in die Verwaltungshoheit der Länder eingreift. „Einspruchsgesetze" können vom Bundestag auch gegen den Einspruch der Länder erlassen werden.

### Wir brauchen klare Zuständigkeiten (Christian Lindner, FDP) M3

(...) Wir brauchen eine klare Abgrenzung der Zuständigkeiten von Bund und Ländern. Nicht konkurrierende Gesetzgebung oder Gemeinschaftsaufgaben sind gefragt, sondern zurechenbare Verantwortlichkeiten. So sollten entweder der Bund oder die Länder für die Gesetzgebung zuständig sein. Der Bundestag sollte zum Beispiel über Bürgerliches Recht oder Strafrecht, die Länderparlamente zum Beispiel über Staatshaftungsrecht und die Besoldung der eigenen Beamten abschließend entscheiden. Der Bundesrat muss sich auf ganz wenige Materien beschränken, etwa Verfassungsänderungen. Solange wir die Dinge nicht entzerren und der Bundesrat für alles mitzeichnen muss, wird es Blockaden geben.

Daher: Föderalismus ja, aber mit klaren Zuständigkeiten, damit die dringend benötigten Reformen auf den Weg gebracht werden können.

(aus: Christian Lindner: Wir brauchen klare Zuständigkeiten. www.welt.de)

2 Analysieren Sie [M1] und [M3]. Erläutern Sie, warum Lindner klare Zuständigkeiten in der Gesetzgebung fordert [M3]. Beziehen Sie auch [M1] auf S. 30 mit ein. Notieren Sie im Hefter.

## Kleinstaaterei in der Krise

M4

Während Europa immer wichtiger und aufwändiger wird, leistet sich die Bundesrepublik 16 Landesregierungen, 16 Landesparlamente und 16 Landesverwaltungen. Kein Wunder, dass die Forderung nach einer Neugliederung der Bundesländer immer wieder aufkommt.

Bremen ist eine nette Stadt, durch die behaglich die Weser plätschert und wo gelegentlich der örtliche Fußballverein für Aufregung sorgt. Knapp 550 000 Menschen leben dort – so viele wie in Essen. Die Stadt im Ruhrgebiet kennt allerdings weder ein eigenes Landesparlament noch eine eigene öffentliche Rundfunkanstalt. Auch gibt es keine Essener Landesregierung, die mit drei Vertretern im Bundesrat über die Energiewende oder das Rettungspaket für Griechenland abstimmt. Das gibt es nur für Bremen. (...) Schon diese Absurdität macht deutlich, warum die Forderung nach einer Länderneugliederung in Deutschland immer wieder aufkommt. (...) Der Bund der Steuerzahler moniert die Kosten des aufgeblähten Politikbetriebs und rechnet vor, dass die Ausgaben durch eine Zusammenlegung einzelner Länder um mindestens eine halbe Milliarde Euro sinken könnten. Andere Schätzungen gehen sogar von einer Milliarde aus. (...)

(aus: Markus Sievers: Kleinstaaterei in der Krise. www.fr-online.de)

**3** Erörtern Sie die Kritik an der föderalen Struktur [M4]. Benennen Sie weitere Kritikpunkte mit Hilfe einer Internetrecherche.

**4** Legen Sie Ihre eigene Meinung dar, ob der Föderalismus in Deutschland reformiert werden sollte. Welche Vor- und Nachteile sehen Sie in einer Reform? Beziehen Sie auch den Art. 50 GG in Ihre Überlegungen ein.

## 1.4.5 Die Bundesregierung

Die Bundesregierung besteht aus der Bundeskanzlerin/dem Bundeskanzler und den Bundesministern. Ihre Aufgabe ist es, mit Hilfe von Gesetzen den politischen Willen der parlamentarischen Mehrheit umzusetzen.

### Art. 63 Grundgesetz: M1

(1) Der Bundeskanzler wird auf Vorschlag des Bundespräsidenten vom Bundestage ohne Aussprache gewählt.

(2) Gewählt ist, wer die Stimmen der Mehrheit der Mitglieder des Bundestages auf sich vereinigt. Der Gewählte ist vom Bundespräsidenten zu ernennen. (...)

M2

**1** Erläutern Sie den Wahlvorgang für das Amt des Bundeskanzlers.

**2** Beschreiben Sie die Arbeitsweise der Bundesregierung (Kanzlerprinzip, Ressortprinzip, Kollegialprinzip). Welche Vor- und Nachteile sehen Sie in dieser Arbeitsweise? Notieren Sie dies in Ihrem Hefter.

## Kein Vertrauen mehr zur Regierung M3

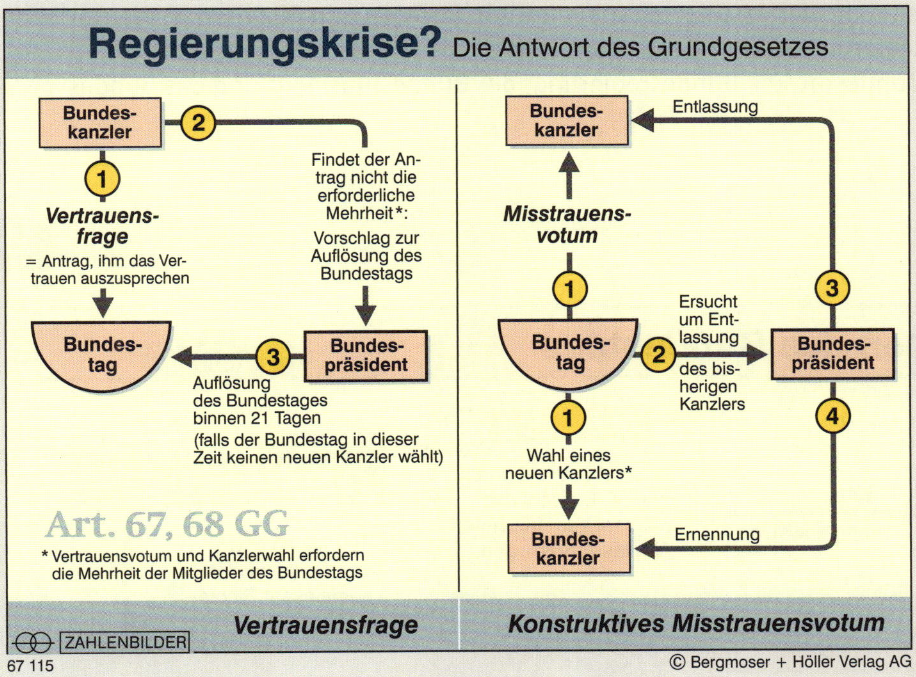


## Zwei Fälle des Misstrauensvotums M4

(…) Ein erstes erfolgloses konstruktives Misstrauensvotum gab es in den siebziger Jahren, als der Bundestag beantragte, Rainer Barzel anstelle von Willy Brandt zum Bundeskanzler zu wählen. Erfolgreich war der Bundestag, als der Bundeskanzler Helmut Schmidt durch ein konstruktives Misstrauensvotum von Helmut Kohl abgelöst wurde.

Voraussetzung ist, dass der Bundestag eine Mehrheit findet, um einen neuen Bundeskanzler zu wählen. Im Fall von Schmidt/Kohl war dies nur möglich, weil der Koalitionspartner der SPD, in diesem Fall die FDP, aus der Regierungskoalition mit der SPD ausscherte und mit der CDU unter Helmut Kohl eine neue Regierungskoalition bildete.

Die Parallele zum Misstrauensvotum ist das Recht des Bundeskanzlers, gegenüber dem Parlament die Vertrauensfrage zu stellen. Die Definition findet sich in Art. 68 GG. Weigert sich der Bundestag, dem Bundeskanzler das Vertrauen auszusprechen, kann der Bundeskanzler dem Bundespräsidenten vorschlagen, den Bundestag aufzulösen und Neuwahlen auszuschreiben. Diese Situation ist insoweit anders, als die Regierung auf eigene Initiative zurücktritt. Wer als Bundeskanzler keine Mehrheit hat, kann keine Regierungsarbeit leisten. (…)

(aus: Volker Bellaire: Konstruktives Misstrauensvotum – Definition. www.helpster.de)

3 Beschreiben Sie, welche Handlungsmöglichkeiten das Grundgesetz vorsieht, wenn die Regierung das Vertrauen verloren hat [M3], [M4]. Notieren Sie dies in Ihrem Hefter.

4 Erläutern Sie die Vorteile des *konstruktiven* Misstrauensvotums. Notieren Sie dies in Ihrem Hefter.

## 1.4.6 Der Bundestag

Im Grundgesetz sind die Verfassungsorgane mit ihren Rechten und Pflichten festgeschrieben und bilden das Regierungssystem Deutschlands. Die fünf Verfassungsorgane sind: der Bundestag, der Bundesrat, die Bundesregierung, der Bundespräsident und das Bundesverfassungsgericht.

M1

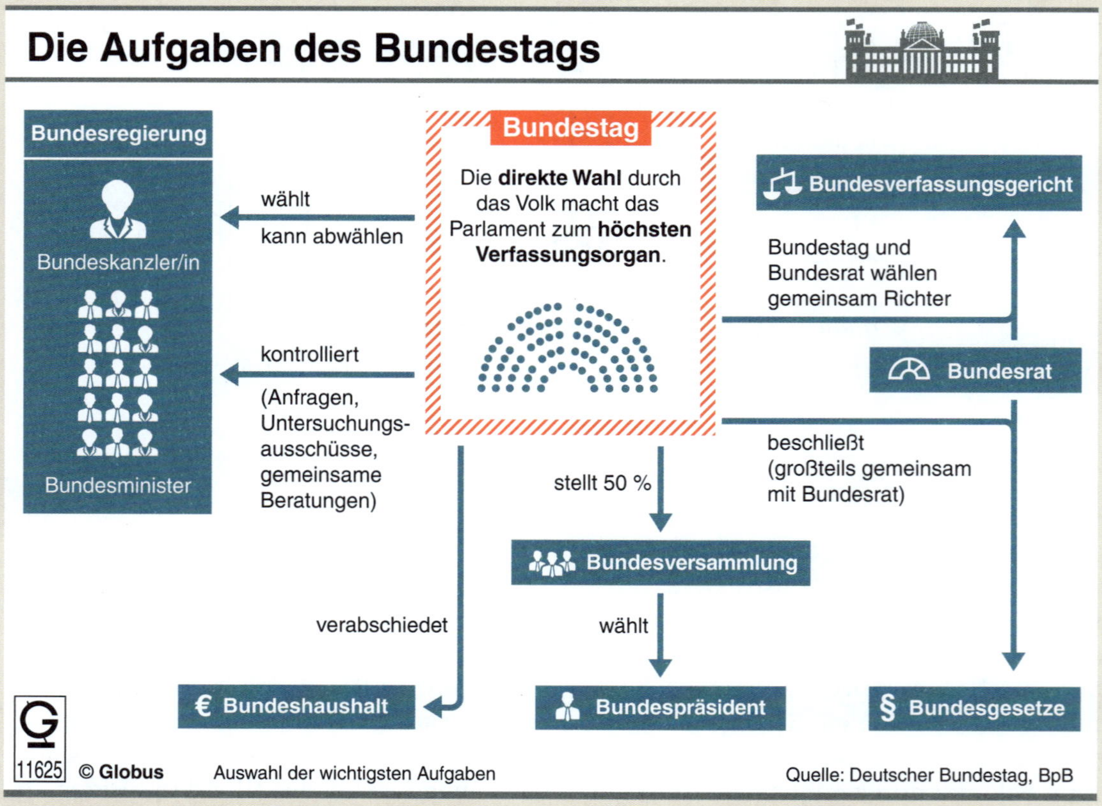


**1** Beschreiben Sie die Aufgaben des Bundestages (vgl. [M1]).

**2** Erläutern Sie mit Hilfe einer Internetrecherche die Funktion des „Petitionsausschusses".

**3** Erläutern Sie die Verankerung des konstruktiven Misstrauensvotums (Art. 67 GG) und die Einrichtung des Petitionsausschusses für die aktuelle Politik.

## Artikel 38 Abs. 1 GG — M2

Satz 2 Die Abgeordneten (...) sind Vertreter des ganzen Volkes, an Aufträge und Weisungen nicht gebunden und nur ihrem Gewissen unterworfen.

**4** Prüfen Sie, ob es einen Unterschied zwischen Anspruch und Wirklichkeit gibt [M2], [M3]. Begründen Sie Ihre Aussage.

## Freies Mandat versus Fraktionszwang — M3

Die Aussage des Artikel 38 ist eindeutig: Bundestagsabgeordnete dürfen nicht zu einem bestimmten Abstimmungsverhalten gezwungen werden – auch nicht durch ihre Fraktion. Die Abgeordneten sind allerdings auch Repräsentanten der Partei, die sie vertreten, und mit einer einheitlichen Abstimmung zeigt die Fraktion Stärke und Geschlossenheit. Aber was ist, wenn der Abgeordnete zu einem Thema eine andere Meinung hat? Bei vielen Abstimmungen im Bundestag gibt es vorher Probeabstimmungen in der Fraktion, auch, um Entscheidungen beeinflussen zu können. Ein Fraktionszwang liegt dann vor, wenn z. B. dem Abgeordneten mit Sanktionen gedroht wird, wenn er nicht im Sinne der Fraktion abstimmt. Das wäre laut Grundgesetz verboten. Nicht verfassungswidrig wäre es, dem Abweichler zu signalisieren, dass er bei der nächsten Wahl nicht wieder als Kandidat aufgestellt wird. In der Regel unterwirft sich der Abgeordnete der Mehrheitsmeinung, also einer selbst auferlegten Fraktionsdisziplin. Es gibt auch Abstimmungen, besonders bei Gewissensfragen, bei denen der Fraktionszwang ausdrücklich aufgehoben wird und somit eine freie Entscheidung ohne drohende Konsequenzen möglich ist.

(Originalbeitrag)

**5** „Sollte der Fraktionszwang grundsätzlich aufgehoben werden?" Legen Sie Ihre eigene Meinung dazu dar und begründen Sie diese. Notieren Sie dies in Ihrem Hefter.

## 1.4.7 Das Bundesverfassungsgericht

Das Bundesverfassungsgericht wurde 1951 gegründet und wacht über die Einhaltung des Grundgesetzes in Deutschland. Alle Verfassungsorgane und alle staatlichen Ämter sind zur Einhaltung des Grundgesetzes verpflichtet und müssen auch die Grundrechte durchsetzen. Trotzdem kommt es immer wieder zu Zweifeln oder Streitigkeiten, ob neue Gesetze oder Maßnahmen der Regierung mit dem Grundgesetz vereinbar sind. Dann kann das Bundesverfassungsgericht aufgefordert werden, die Rechtmäßigkeit zu prüfen.

### *Urteile des Bundesverfassungsgerichts*

M1

**Hartz IV darf sich nach Einkommen der Eltern bemessen:** Wer mit Familienangehörigen zusammenwohnt, bekommt weniger Hartz IV. Das Einkommen der Eltern kann demnach mindernd auf die Höhe der Leistungen angerechnet werden. 07.09.2016

**BKA-Gesetz ist teilweise verfassungswidrig**
Mehr Schutz für Bürger vor Überwachung: Das Gesetz zur Terrorabwehr muss überarbeitet werden. Es wurden etliche „unverhältnismäßige Eingriffe“ festgestellt. 20.04.2016

**Antiterrordatei verstößt gegen die Verfassung**
Die Antiterrordatei sammelt zu viele Daten für zu viele Behörden, urteilt das Verfassungsgericht. Teile verstoßen gegen das Grundgesetz und müssen nachgebessert werden. 24.04.2013

**Mögliche Väter dürfen Gentest verweigern**
Kinder können Männer, die sie für ihren Erzeuger halten, nicht zum Vaterschaftstest zwingen. Dem stünden ihre Grundrechte entgegen, entschied das Bundesverfassungsgericht. 19.04.2016

**1** Prüfen Sie, welche Grundrechte in den angeführten Beispielen vom Bundesverfassungsgericht verteidigt wurden.

M2

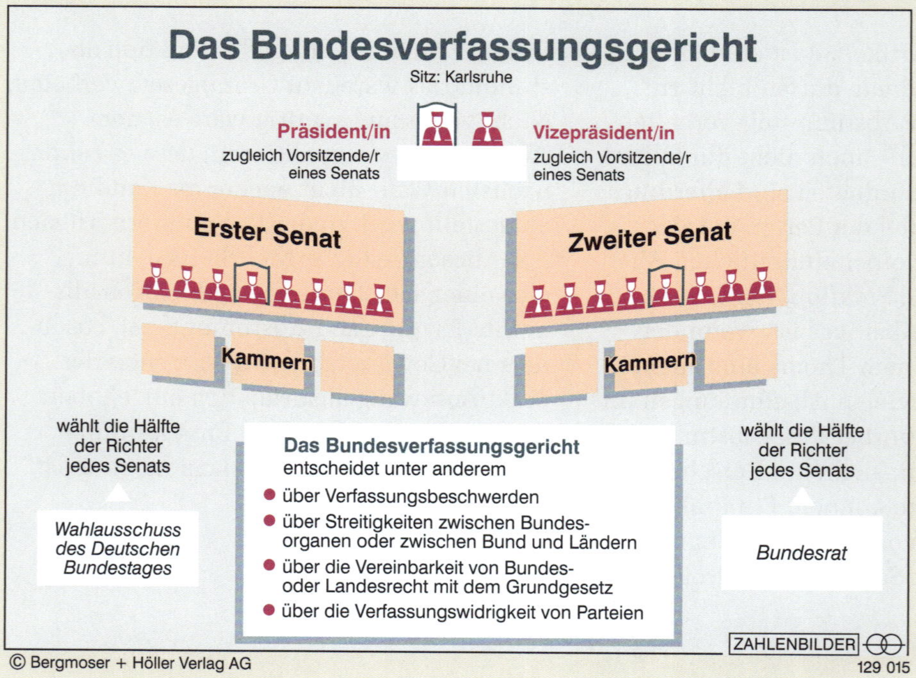

2 Beschreiben Sie die Zusammensetzung des Bundesverfassungsgerichts.

3 Nennen Sie weitere Aufgaben des Bundesverfassungsgerichts und führen Sie entsprechende Urteile an. (Internetrecherche) Notieren Sie in Ihrem Hefter.

4 Erläutern Sie die Stellung des Bundesverfassungsgerichts im Rahmen der Gewaltenteilung. Notieren Sie in Ihrem Hefter.

## Erste Adresse für Querulanten

M3

Über 6000 Verfassungsbeschwerden erreichen das Bundesverfassungsgericht jedes Jahr. Jetzt wollen die Karlsruher Richter eine Gebühr erheben, um Querulanten abzuschrecken.

Die Antwort ist knapp, gerade mal eine Seite lang. „Die Verfassungsbeschwerde wird nicht zur Entscheidung angenommen." Punkt. Darunter die Unterschriften von drei Verfassungsrichtern. Und der Hinweis: „Die Entscheidung ist unanfechtbar." Rainer Hoffmann betrachtet verächtlich das amtlich gesiegelte Papier. „Nicht einmal eine Begründung." Er streicht sich über den Kopf: „Das Bundesverfassungsgericht verweigert mir mein verfassungsmäßiges Recht."

Hoffmanns verfassungsmäßiges Recht hat eine Adresse: Schlossbezirk Nummer drei in Karlsruhe. Wer sich in seinen Grundrechten verletzt fühlt, kann dorthin schreiben und Beschwerde einlegen. Doch für viele Bürger ist das oberste Gericht nur ein Kummerkasten. Mehr als 6000 Beschwerden landen hier jedes Jahr, die meisten davon haben keine Aussicht auf Erfolg. (...)

Jeder fühlt sich im Recht. Und jeder darf sich an die Richter in Karlsruhe wenden. (...) Man brauche keinen Anwalt, nicht einmal ein Formblatt müsse ausgefüllt werden. Die Verfassungsbeschwerde sei das Kronjuwel der Verfassung, der Schutz des Bürgers vor staatlicher Willkür. Aber das könne nur funktionieren, wenn dieser Zugang nicht verstopft wird. (...) Eine sogenannte „Mutwillgebühr" soll erhoben werden. Sie soll hartnäckige Querulanten davon abhalten, ihre Beschwerde auch dann weiter zu betreiben, wenn sie (...) schon als offensichtlich unbegründet abgewiesen wurde. Bisher genügte es, wenn der Beschwerdeführer einfach nur Widerspruch dagegen einlegte. Tat er dies, mussten drei Richter über seinen Fall entscheiden. Künftig soll ein Verfassungsrichter nur dann damit betraut werden, wenn der Beschwerdeführer eine seinem Einkommen angemessene Gebühr bezahlt. Die Gebühr soll „spürbar, aber leistbar" sein, heißt es bei Gericht. Von maximal 5000 Euro ist die Rede. Kritiker sehen die Gefahr, dass damit der Zugang (...) versperrt wird. (...)

(aus: Erste Adresse für Querulanten. www.cicero.de)

5 Nennen Sie Pro- und Kontra-Argumente für die Einführung einer „Mutwillgebühr". Notieren Sie dies in Ihrem Hefter.

## 1.4.8 So entsteht ein Gesetz

### Weg der Gesetzgebung

M1

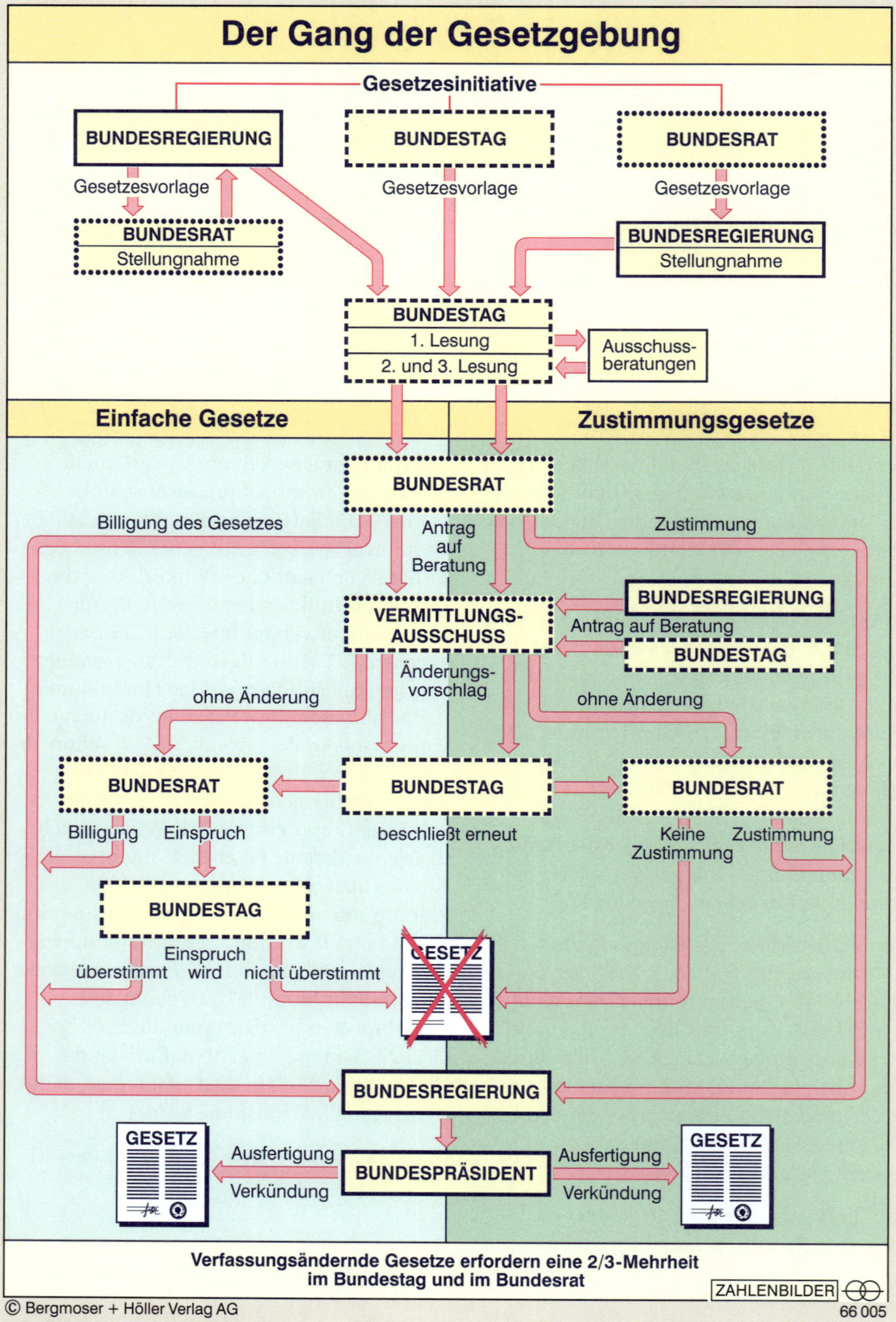

1 Benennen Sie, wer Gesetzesinitiativen einbringen kann.

2 Beschreiben Sie die Entstehung eines Gesetzes.

3 Erklären Sie folgende Begriffe: Lesung, Zustimmungsgesetz, Vermittlungsausschuss.

4 Erläutern Sie die Möglichkeiten der Einflussnahme auf die Gesetzgebung durch gesellschaftliche oder wirtschaftliche Interessenvertreter. Inwieweit ist das mit einem demokratischen Staat vereinbar?

## 1.4.9 Keine Verfassungsorgane, aber mitbestimmend – Opposition und Lobbyisten

Der Begriff „Opposition“ kommt aus dem Lateinischen und bedeutet „Entgegensetzung“. Personen oder Personengruppen, die eine andere Vorstellung von der Gestaltung der Politik haben und sich deshalb gegen die Regierungspolitik aussprechen, sind ein wichtiger Bestandteil demokratischer Staaten.

M1

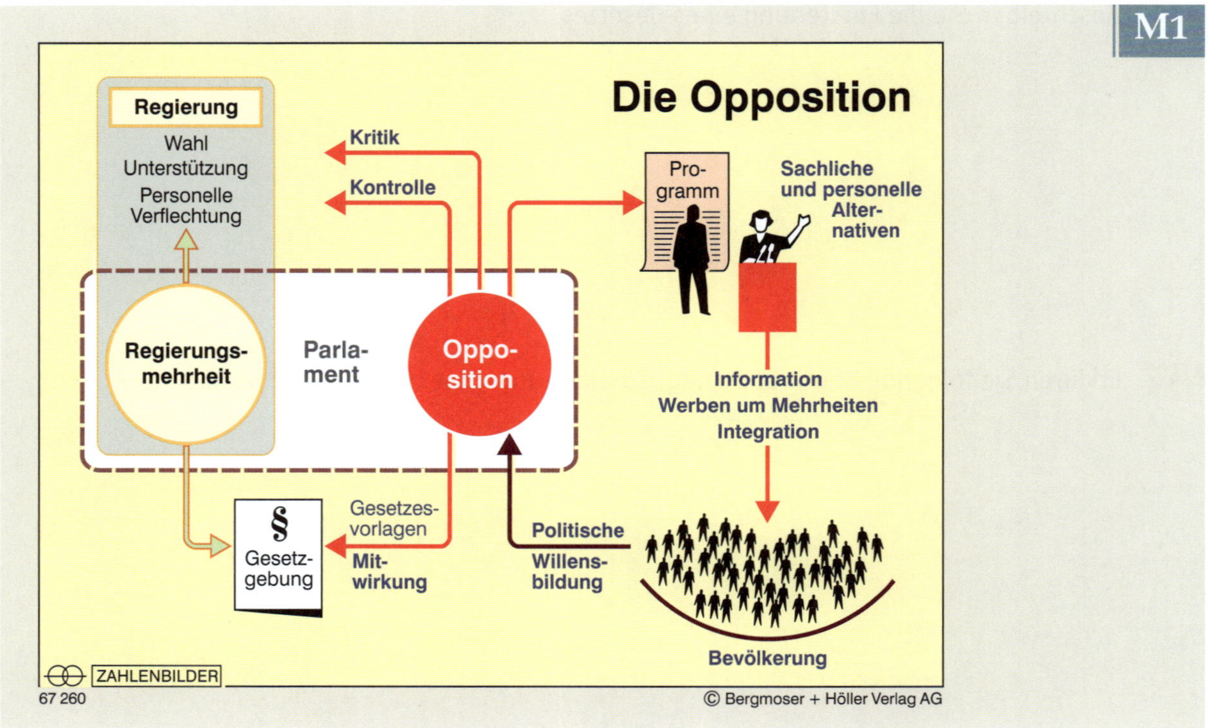


**1** Erläutern Sie die Funktionen der parlamentarischen Opposition [M1].

**2** Erfolgreiche Politik braucht eine starke Opposition. Begründen Sie diese Aussage.

## Lobbyismus – Informationen und Hintergründe M2

Durch die landläufige Vorstellung, dass Lobbyisten mit allen Mitteln versuchen, Politiker für ihre Zwecke zu gewinnen, hat der Lobbyismus einen negativen „Beigeschmack“, wobei die Notwendigkeit einer Einflussnahme und deren Vorteile für die Gesellschaft übersehen werden.

Gewerkschaften, Unternehmensverbände, Nichtregierungsorganisationen, Verbände und Kanzleien sind daran interessiert, ihre Interessen gegenüber der Regierung oder der öffentlichen Verwaltung zumindest kund zu tun – und beauftragen in der Regel einen Lobbyisten, der seine persönlichen Kontakte nutzt und pflegt. Der Lobbyist baut ein Vertrauensverhältnis sowohl zu seinem Auftraggeber als auch zu den Entscheidungsträgern auf und hat dadurch einerseits gute Möglichkeiten, gehört zu werden, andererseits die Chance, Informationen zu erhalten, die für seine Zwecke nützlich sind. Der Lobbyist versucht darüber hinaus, die öffentliche Meinung zu beeinflussen, was ihm am besten durch Aufritte in den Medien gelingt. Ein guter Lobbyist erreicht seine Ziele durch Diskussion und Überzeugungsarbeit, ein schlechter durch Bestechung und andere illegale Mittel.

(aus: www.welt.de)

## Lobbyismus in Deutschland ist fast allgegenwärtig M3

Kaum ein Land in Europa ist ein so interessantes Ziel für Lobbyisten wie Deutschland. Einerseits ist es das wirtschaftlich stärkste und einflussreichste EU-Mitglied, andererseits können die Interessenvertreter hier so ungestört Einfluss auf Gesetze und ihre Verfasser nehmen wie fast nirgendwo sonst. Laut einer neuen Studie von Transparency International (TI), die SPIEGEL ONLINE vorliegt, sind die deutschen Gesetze zur Beschränkung von Lobby-Einfluss im EU-Vergleich weit unterdurchschnittlich streng: In der größten Volkswirtschaft des Kontinents sind Lobby-Vertreter so frei wie etwa im für seine Korruption berüchtigten Bulgarien oder im kleinen Portugal. (…)

(aus: Alexander Demling: Paradies für Einflüsterer. www.spiegel.de)

3 Vergleichen Sie die Aussagen von [M2] und [M3] und legen Sie Ihre eigene Meinung dar.

M2

M3

Meine Meinung zu Lobbyismus:

# 1.5 Politische Systeme

## 1.5.1 Politische Systeme im Vergleich

Schon seit der Antike werden Staaten und ihre politische Ordnung beschrieben. Staaten mit ähnlichen Merkmalen werden zu Herrschaftsformen zusammengefasst: So wurden Monarchien (gekennzeichnet durch die Herrschaft eines einzelnen Königs, Kaisers oder Fürsten), Aristokratien (Herrschaft einer kleinen Gruppe, z. B. Adel), Oligarchien (Herrschaft Weniger, die aber nicht einer bestimmten Klasse oder eines Standes angehören müssen), Theokratie (Herrschaft von religiösen Führern) oder Diktaturen (gewaltsame Machtübernahme) voneinander unterschieden. Alle diese Herrschaftsformen werden von demokratischen Staaten abgegrenzt. Im 20. Jahrhundert zeigte sich zunehmend, dass diese Abgrenzung voneinander nicht immer hilfreich ist. Auch heute noch gibt es Monarchien (z. B. Großbritannien, Schweden, Dänemark als konstitutionelle Monarchien), die aber längst demokratische Staaten sind. Moderne Demokratietheorien grenzen demokratische Staaten von totalitären Staaten, autoritären Staaten und vom Gottesstaat ab.

### Totalitäre Staaten — M1

Die Machthaber eines totalitären Staates versuchen alle Lebensbereiche ihrer Bürger zu beherrschen. Es gibt keine Gewaltenteilung, alle staatliche Gewalt liegt in der Hand eines Machthabers oder einer Partei. Alle Bürger dieses Staates haben sich den Interessen der Gemeinschaft unterzuordnen, die freiheitlichen Rechte des Einzelnen werden stark eingeschränkt. Mit Hilfe einer staatlich verordneten Ideologie soll das Denken und Handeln der Menschen beeinflusst werden. Hinzu kommt eine staatliche Kontrolle und Überwachung, auch Bespitzelungen durch Geheimdienste. Willkürliche Verhaftungen und Unterdrückung von Widerstand sollen ein Abweichen von der staatlichen Propaganda von Anfang an im Keim ersticken. Die Meinungsfreiheit ist durch Zensur der Medien praktisch ausgeschaltet. Bürgerliche Grundrechte werden nicht gewährt, die Menschenrechte oftmals verletzt.

### Autoritäre Staaten — M2

Auch in autoritären Staaten gibt es eine kleine Gruppe von Machthabern, deren Ziel es ist, diese Macht mit allen Mittel zu erhalten. Meist handelt es sich dabei um Militärdiktaturen. Der Machtanspruch wird aber nicht wie in den totalitären Staaten durch eine Ideologie begründet. Nach der in der Regel gewaltsamen Machtübernahme lassen die autoritären Diktatoren ihre Macht durch scheindemokratische Verfahren legitimieren. Eine politische Opposition wird nicht zugelassen. Solange der Machtanspruch nicht gefährdet ist, werden den Einwohnern bürgerliche und Menschenrechte zugestanden. Die Privatsphäre der Bürger und auch abweichende politische Meinungen werden zum Teil toleriert, solange es keine öffentliche Kritik an der Staatsführung gibt.

1 Arbeiten Sie Gemeinsamkeiten und Unterschiede zwischen totalitären und autoritären Regimen heraus.

Gemeinsamkeiten:

Unterschiede:

## Gottesstaat

**M3**

Die wissenschaftliche Bezeichnung für „Gottesstaat“ ist Theokratie. Im Griechischen steht „theos“ für „Gott“ und „kratein“ für „herrschen“. Damit ist weniger die Herrschaft von Gott selbst, sondern eine Machtausübung mit einer fast ausschließlich religiösen Fundierung gemeint. Vereinfacht kann man also von einer Herrschaft sprechen, die ihre Entscheidungen als „in Gottes Sinne“ legitimiert. Religion und Herrschaft sind eine Einheit und nicht getrennt vorstellbar.

Wenn heute von „Gottesstaat“ die Rede ist, dann meist im Zusammenhang mit dem Iran, der seit der islamischen Revolution von 1979 vor allem im Westen häufig so bezeichnet wird. In der Eigendefinition sieht sich der Iran jedoch als „Islamische Republik“. In jüngerer Zeit wird der Begriff auch für die Schreckensherrschaft des „Islamischen Staates“ in den von dieser Terrororganisation eroberten Gebieten in Syrien und im Irak verwandt.

Die „Herrschaft Gottes“ (hakimiyat allah) ist (...) in vielen islamistischen Ideologien ein zentraler Begriff und basiert auf der Idee, dass allein Gott die höchste gesetzgebende Autorität sei. Gott habe über den Gesandten Mohammed den Menschen Offenbarungen zukommen lassen, aus denen diese Regeln für ihr Leben ableiten sollen. Es handelt sich um die islamische Rechts- und Lebensordnung, die Scharia.

In dieser Vorstellung können Menschen selbst nie Gesetzgeber sein. Der Mensch ist lediglich „Statthalter Gottes“ – ein sogenannter Kalif. Als solcher hat er die Aufgabe, Gottes Rechtsordnung umzusetzen. Dies ist auch der Grund, warum der „Islamische Staat“ das „Kalifat“ ausgerufen hat. (...)



**2** Legen Sie dar, wodurch ein Gottesstaat gekennzeichnet ist.

**3** Begründen Sie, warum die dargestellten politischen Systeme mit einem demokratischen Grundverständnis unvereinbar sind [M1], [M2], [M3]. Notieren Sie in Ihrem Hefter.

## 1.5.2 Die Demokratie auf dem Prüfstand?

Die meisten Menschen in Deutschland halten das demokratische System für die einzig wahre Staatsform, andere halten es für reformbedürftig, wieder andere für überholt oder verachten es sogar. Dabei ist die Demokratie 2500 Jahre alt und wird gerade in einem kleinen Land Europas neu entdeckt.

### Zur Wahl steht: Die Demokratie

M1

Die Demokratie (im 20. Jahrhundert) bezwang den Faschismus, sie riss die Berliner Mauer ein, die Zahl demokratisch verfasster Staaten auf der Welt wuchs und wuchs, von zwölf nach dem Zweiten Weltkrieg auf mittlerweile mehr als hundert. (...) in nahezu allen westlichen Industriestaaten attackieren Protestbewegungen die Säulen, auf denen ihre Gesellschaften gebaut sind, die Religionsfreiheit („Einwanderungsstopp für Muslime!"), die Pressefreiheit („Lügenpresse!"), die Parlamente („Schwatzbuden!"), kurz: die liberale Demokratie, wie sie in den westlichen Verfassungen, auch der deutschen, festgeschrieben ist. (...)

Viele Menschen, die heute Anhänger der Rechtspopulisten sind, haben sich schon vor Jahren von der Demokratie abgewandt. Der Anteil der Nichtwähler stieg und stieg.

Eigentlich ist das gar nicht so überraschend.

Früher saßen im Deutschen Bundestag zahlreiche Abgeordnete, die bloß die Volksschule besucht hatten. Sie waren Werkzeugmacher, Handwerker, einfache Leute. Heute sind die meisten Abgeordneten studierte Juristen. Auch viele Politologen sind dabei, außerdem Lehrer, Ökonomen, Bankkaufleute, Ärzte. (...) Die Parteien unterscheiden sich immer weniger in ihren Positionen. Und die Regierungen können sich kaum noch durchsetzen gegen die globalisierten Finanzmärkte und internationalen Großkonzerne.

(...) Die Grundprinzipien der Demokratie, die Pressefreiheit, die Religionsfreiheit, der Parlamentarismus, sie sollen dazu dienen, das Gemeinwohl zu stärken. Wieso aber sollten Menschen die Pressefreiheit hochhalten, wenn sie das Gefühl haben, dass sich die Presse für ihre Meinungen gar nicht interessiert?

(...) Warum sollten sie den Parlamenten Respekt entgegenbringen, wenn es ihnen so vorkommt, als werde dort nicht über ihre Probleme geredet. Die westlichen Demokratien haben ein Repräsentationsproblem. (...)

(aus: Bastian Berbner, Tanja Stelzer, Wolfgang Uchatius: Zur Wahl steht: Die Demokratie, DIE ZEIT. Nr. 4, 2017, S. 13–15)

**1** Wie begründen die Autoren die Gefährdung der Demokratie?

Die Parteien unterscheiden sich immer weniger in ihren Positionen. Regierungen können sich kaum noch durchsetzen.

**2** Legen Sie Ihre eigene Meinung dar: Soll die Demokratie reformiert werden? Notieren Sie in Ihrem Hefter.

## Repräsentation und demokratische Wahlen M2

(...) In der Demokratie geht es nicht nur darum, ob eine Regierung die richtige Entscheidung trifft. Sie muss auch die Menschen überzeugen, dass die Entscheidung richtig war. Sonst kann sie noch so sehr Recht haben, sie begeht trotzdem einen Fehler. (...)

Das System damals (im antiken Athen) funktionierte (...) ganz anders als jenes, das 2500 Jahre später den Präsidenten Obama hervorbringen sollte. (...) Der entscheidende Unterschied ist: Die Mitglieder der Athener Regierung, des sogenannten Rats der 500, wurden nicht gewählt. Sie wurden ausgelost.

Was heute auf den ersten Blick verrückt anmutet, erschien damals als einzig sinnvolle Lösung. Die Amtszeiten waren begrenzt. Die meisten Athener Bürger hatten irgendwann in ihrem Leben ein politisches Amt inne. Dadurch verschwand der Unterschied zwischen Bürgern und Politikern, Regierten und Regierenden, zwischen oben und unten, das Volk herrschte über sich selbst, das ganze Volk. Es gab kein Repräsentationsproblem. Es gab keine Wahlkämpfe, keine uneingelösten Versprechen. Das Los machte alle gleich. (...)

Die Zukunft der Demokratie – womöglich kann man sie an einem regnerischen Januarwochenende im Grand Hotel im irischen Küstenstädtchen Malahide beobachten, 20 Kilometer nördlich von Dublin. (...) Das irische Parlament hat ihnen aufgetragen, eine Frage zu beantworten: Soll Irland Abtreibungen legalisieren? Der Streit um dieses Thema spaltet das katholische Land. (...) Also beriefen die Politiker im Oktober 2016 eine Bürgerversammlung ein: 99 Iren, ganz normale Menschen (...). Ein Jahr lang werden sie tagen, ein Wochenende im Monat. Sie sprechen mit Experten, Medizinern, Ethikern, Juristen, Frauen, die abgetrieben haben, Frauen, die nicht abgetrieben haben. Noch bis April werden sie über das Thema debattieren. Danach über den Klimawandel, eine Wahlreform, die Überalterung Irlands. Anschließend schicken sie Empfehlungen an das Parlament.

(...) Noch etwas hat die irische Bürgerversammlung bewirkt: Ihre Mitglieder haben Respekt für die Arbeit der Politiker gewonnen. Eine Frau, die (...) Politiker verachtet hatte, ist heute gewähltes Mitglied ihres Kreistages. (...) das ist Teil der Idee – es geht darum, frische, unverstellte Meinungen zu bekommen. Gerade keine Experten, keine Berufspolitiker. Genau wie damals in Athen. (...)

(aus: Bastian Berbner, Tanja Stelzner, Wolfgang Uchatius: Zur Wahl steht: Die Demokratie, DIE ZEIT. Nr. 4, 2017, S. 14)

**3** Bewerten Sie die Vor- und Nachteile des vorgeschlagenen Lossystems.

T Tragen Sie die gesuchten Begriffe in die vorgesehenen Kästchen ein. Einige Buchstaben sollen Ihnen bei der Lösung helfen. Die grau unterlegten Felder bleiben frei. Das Lösungswort (gelb markiert) nennt ein Verfassungsorgan Deutschlands.

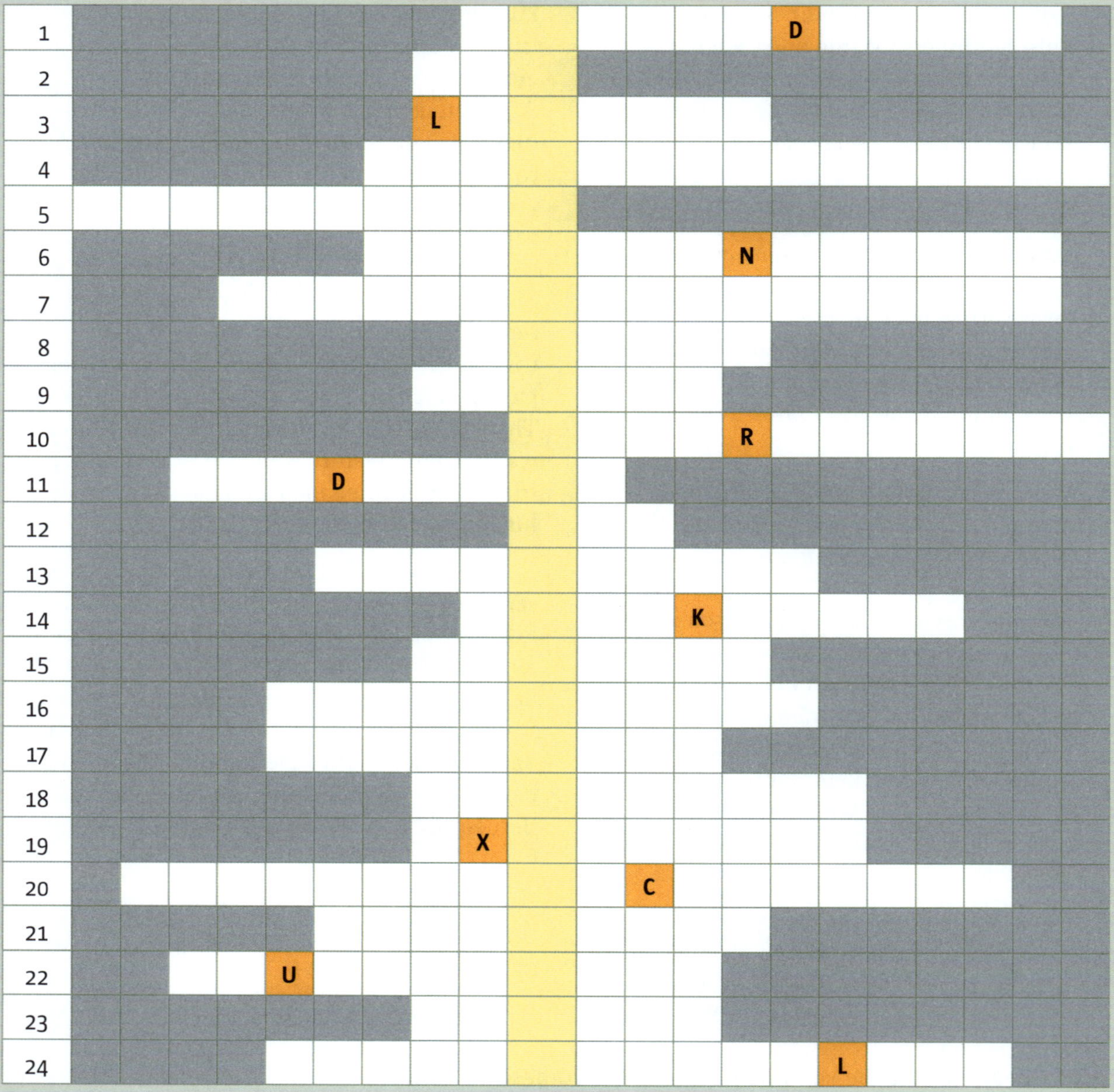


Ä = Ä Ö = Ö

| | | | |
|---|---|---|---|
| 1 | gewählter Vertreter des Volkes | 13 | Parteien, die nicht an der Regierung beteiligt sind |
| 2 | eine Partei des Bundestages | 14 | richterliche Gewalt |
| 3 | Parlament eines Bundeslandes | 15 | Regierungschef Deutschlands |
| 4 | Staatsoberhaupt Deutschlands | 16 | Verfassung Deutschlands |
| 5 | Herrschaft des Volkes | 17 | Vertretung der Länder |
| 6 | sind in der Charta der Vereinten Nationen festgeschrieben | 18 | bestimmt die Politik eines Landes |
| 7 | wählt das Staatsoberhaupt Deutschlands | 19 | vollziehende Staatsgewalt |
| 8 | Erörterung eines Gesetzes im Bundestag | 20 | im Grundgesetz garantiert |
| 9 | Politische Vereinigung | 21 | Zusammenschluss der Regierungsparteien |
| 10 | Prinzip der Staatsorganisation Deutschlands | 22 | gelten für alle Bürger Deutschlands |
| 11 | höchste Volksvertretung Deutschlands | 23 | Merkmal demokratischer Staaten |
| 12 | eine Partei des Bundestages | 24 | Merkmal demokratischer Staaten |

Lösung: ein Verfassungsorgan Deutschlands

# 2 Die Europäische Union

| Abschnitte | Methoden | Kompetenzen |
|---|---|---|
| **2.1 Die Staaten Europas** | ■ Texte analysieren<br>■ Internetrecherche<br>■ Karikaturen analysieren<br>■ Schaubilder/Diagramme/Grafiken auswerten<br>■ Ein Zukunftsszenario entwickeln | ■ Churchills Vision von einem geeinten Europa beschreiben<br>■ Medienkompetenz weiterentwickeln<br>■ den europäischen Einigungsprozess zuordnen und deuten<br>■ Mitgliedsstaaten der EU und deren Beitritte kennen<br>■ politische Wachstumsmöglichkeiten der EU erkennen und erörtern<br>■ politische Mitsprachemöglichkeiten von EU-Bürgern benennen und bewerten<br>■ Zukunftsperspektiven für eine verbesserte politische Mitsprache entwickeln<br>■ Erklärungen den europäischen Institutionen zuordnen |
| **2.2 Gemeinsames Wirtschaften** | ■ Schaubilder/Diagramme/Grafiken auswerten<br>■ Karikaturen analysieren<br>■ Lückentext ergänzen<br>■ Internetrecherche | ■ Aussagen zu den vier Freiheiten des Europäischen Binnenmarktes zuordnen<br>■ Vor- und Nachteile des Europäischen Binnenmarktes zusammenstellen<br>■ Ziele und Aufgaben der Europäischen Zentralbank ermitteln |
| **2.3 Die Zukunft Europas** | ■ Internetrecherche<br>■ Schaubilder/Diagramme/Grafiken auswerten/Statistik analysieren<br>■ Blog bzw. Kommentar verfassen | ■ Inhalte der Gemeinsamen Europäischen Außen- und Sicherheitspolitik ermitteln<br>■ Erklären, wie die Gemeinsame Europäische Außen- und Sicherheitspolitik auf Krisen reagieren kann<br>■ Vor- und Nachteile der Gemeinsamen Europäischen Außen- und Sicherheitspolitik beurteilen<br>■ Bedeutung, Funktionsweise, Probleme und mögliche Alternativen der Dublin-Verordnung ermitteln<br>■ den Immigrationsbedarf Europas beurteilen<br>■ Aufgaben und Funktionsweise der unterschiedlichen europäischen Bildungs- und Ausbildungsprogramme ermitteln<br>■ Medienkompetenz weiterentwickeln<br>■ eigene europäische Identität erläutern bzw. beurteilen |

# 2.1 Die Staaten Europas

## 2.1.1 Der Weg zur Europäischen Union

Die Geschichte Europas ist eine Geschichte mit Konflikten. Sie ist aber auch das Bild einer europäischen Gesellschaft, die durch politische, wirtschaftliche und kulturelle Aspekte eng miteinander verbunden ist. Der europäische Einigungsprozess und somit die Europäische Union sind vor allem aber die Antwort auf die Kriege Europas in der ersten Hälfte des 20. Jahrhunderts. Der Weg zur Europäischen Union folgte keinem geradlinigen Verlauf, sondern ist ein andauernder politischer Prozess. Trotz vieler politischer und wirtschaftlicher Krisen basiert die Entstehung der Europäischen Union vor allem auf den Visionen einzelner und deren schrittweiser Umsetzung.

### Churchills Vision von Europa — M1

Der erste Schritt bei der Neubildung der europäischen Familie muss ein Zusammengehen zwischen Frankreich und Deutschland sein. Nur so kann Frankreich die Führung in Europa wiedererlangen. Es gibt kein Wiedererstehen Europas ohne ein geistig großes Frankreich und ein geistig großes Deutschland. Die Struktur der Vereinigten Staaten von Europa wird, wenn sie richtig und dauerhaft errichtet werden soll, so geartet sein müssen, dass die materielle Stärke einzelner Staaten an Bedeutung einbüßt. Kleine Nationen werden so viel wie große gelten und sich durch ihren Beitrag für die gemeinsame Sache Ruhm erringen können.

(aus: Winston Churchill, in einer Rede an der Universität Zürich am 19. September 1946. Bundeszentrale für politische Bildung)

1 Beschreiben Sie Churchills politische Vision von Europa [M1] in eigenen Worten.

**INFOBOX**

**Churchill, Sir Winston Leonard Spencer (1874–1965)**
Winston Churchill war ein berühmter britischer Politiker und Prime Minister. Während des Zweiten Weltkriegs führte er Großbritannien zum Sieg über Nazi-Deutschland.
1953 bekam er den Nobelpreis für Literatur.

**2** Ordnen Sie die folgenden Stationen im europäischen Einigungsprozess in einem Zeitstrahl ein und recherchieren Sie deren Bedeutung für die Entwicklung der Europäischen Union.

Montanunion ▪ Einheitliche Europäische Akte ▪ Vertrag von Lissabon ▪ Einführung des Euro ▪ Vertrag der Europäischen Union ▪ 1. Direktwahl des Europäischen Parlaments ▪ Römische Verträge ▪ Verwirklichung des Binnenmarkts ▪ Zollunion ▪ Vertrag von Amsterdam

| Jahreszahl | | Ereignis |
|---|---|---|
| | | |
| | | |
| | | |
| | | |
| | | |
| | | |
| | | |
| | | |
| | | |
| | | |

## Einheit der EU durch eine EU-Regierung

**M2**

Die Entwicklung von der Europäischen Wirtschaftsgemeinschaft zur Europäischen Union ist in der Tat eine Erfolgsgeschichte. Unvorstellbar ist es heute, dass sich einzelne Staaten der EU kriegerische Auseinandersetzungen leisten, wie dies noch zu Beginn des 20. Jahrhunderts möglich war. Der europäische Binnenmarkt hat dazu geführt, dass überwiegend Wohlstand in Europa herrscht und die Wirtschaftskraft sich mit großen Volkswirtschaften in der Welt wie China und den USA messen kann. Knapp 30 Staaten umfasst die EU und es stehen eine ganze Reihe europäischer Staaten auf der Warteliste zu einer Mitgliedschaft. Doch ist die Zusammenarbeit kein Selbstläufer. Innerhalb der EU haben verschiedene Staaten unterschiedliche Interessen und in den verschiedenen Gremien der Gemeinschaft werden z. T. heftige Auseinandersetzungen um eine einheitliche Position zu politischen Fragen geführt. Doch es fällt schwer, bei der großen Anzahl souveräner Regierungen der Mitgliedsstaaten immer eine gemeinsame politische Position zu finden. Die Wahlberechtigten aller Mitgliedsstaaten wählen heute Abgeordnete zum Europaparlament. Dieses Parlament seinerseits sollte eine europäische Regierung wählen. Nur so kann zukünftig die Einheit der EU und seine weltpolitische Bedeutung sichergestellt werden.

**3** Analysieren Sie den Text und stellen Sie seine Kernaussage in Beziehung zur These: „Unterschiedliche Interessen europäischer Staaten verhindern eine EU-Regierung.“ Notieren Sie in Ihrem Hefter.

## 2.1.2 Die Staaten der Europäischen Union

Die Europäische Union ist eine Staatengemeinschaft, deren Anzahl an Mitgliedsstaaten sich über die Jahre immer wieder verändert hat. Der Beitritt von neuen Mitgliedsstaaten war wie die meisten Prozesse in der EU weder schnell noch gradlinig. Der Erweiterungsprozess der EU war von sprunghaften Eintrittswellen, aber auch Phasen der Stagnation und manchmal auch von Rückschritten gekennzeichnet. Trotzdem gibt es heute kein vergleichbar großes Staatenbündnis in der Welt.

M1

**1** Notieren Sie in der Karte nur die Kürzel der Namen von Mitgliedsstaaten der EU (Stand 2018).

M2

| Beitrittsphase | Jahr | Staaten |
|---|---|---|
| | | |
| | | |
| | | |
| | | |
| | | |
| | | |
| | | |
| | | |
| | | |
| | | |

2 Ermitteln Sie mit Hilfe einer Internetrecherche, wann welche Staaten der Europäischen Union beigetreten sind, sowie den Namen der Beitrittsphase.

3 Kennzeichen Sie die Wachstumsmöglichkeiten der EU und erörtern Sie eventuelle Folgen.

## 2.1.3 Die Institutionen der Europäischen Union

Die Institutionen der Europäischen Union erscheinen vielen ihrer Bürger als zu bürokratisch, bürgerfern und als eine Dopplung der nationalen Institutionen. Dennoch sind es gerade diese Institutionen, die dazu beitragen, dass die weitere Entwicklung der EU von den Bürgern selbst gesteuert werden kann.

**1** Ordnen Sie die folgenden Institutionen der jeweils richtigen Beschreibung [Tabelle] zu: Europäischer Rat, Europäische Zentralbank EZB, Europäisches Parlament, Rechnungshof, Europäische Kommission, Rat der Europäischen Union, Gerichtshof der Europäischen Gemeinschaft.

| | |
|---|---|
| Institution mit 766 Abgeordneten aus 28 Nationen, die derzeit ca. 508 Millionen EU-Bürgerinnen und -Bürger vertreten. Diese Institution hat Gesetzgebungs-, Haushalts- und Kontrollrechte. | |
| Diese Institution schlägt Rechtsvorschriften, politische Maßnahmen und Aktionsprogramme vor und ist für die Umsetzung der Beschlüsse des Parlaments und des Rates verantwortlich. | |
| Er ist eines der maßgeblichen Entscheidungsorgane der EU. In seinem Rahmen tagen die Minister der Mitgliedsstaaten. Je nach Themenbereich tagen die zuständigen Fachminister. Der Vorsitz wird von den Mitgliedsstaaten im Halbjahreswechsel wahrgenommen. | |
| In ihm kommen die Staats- oder Regierungschefs der Mitgliedsstaaten der EU mit dem Kommissionspräsidenten zusammen. Er gibt der EU die erforderlichen Impulse und legt die allgemeinen politischen Zielvorstellungen fest. Der Vorsitzende wird von den Staats- und Regierungschefs ernannt. | |
| Diese Institution hat die Aufgabe dafür zu sorgen, dass Rechtsvorschriften der EU in allen Mitgliedsstaaten einheitlich ausgelegt und angewandt werden. Er ist befugt, in Rechtsstreitigkeiten zwischen Mitgliedsstaaten, Organen der EU, Unternehmen und Privatpersonen zu entscheiden. | |
| Er prüft die Recht- und Ordnungsmäßigkeit aller Einnahmen und Ausgaben der Europäischen Union und kontrolliert, ob der Haushaltsplan der EU wirtschaftlich umgesetzt wird. | |
| Diese Institution ist ein Organ der Europäischen Union und die zentrale Institution des Eurosystems, dessen Ziel es ist, den Wert des Euro zu erhalten und die Preisstabilität zu gewährleisten. | |

M1

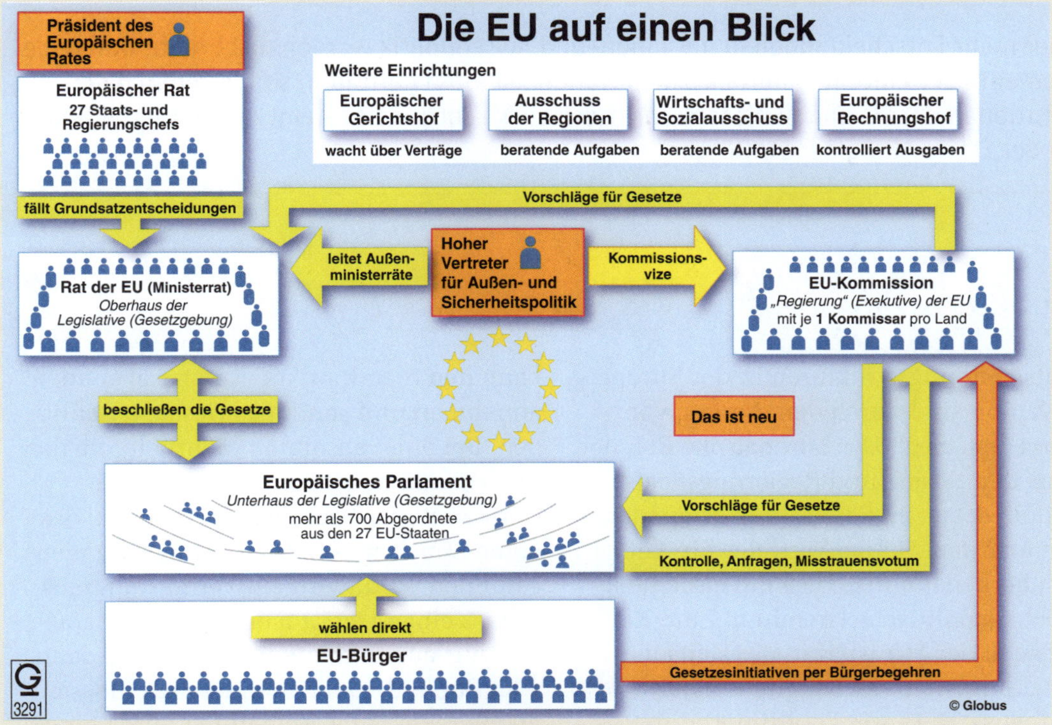


**2** Zeigen Sie am Schaubild [M1] die Möglichkeiten und Grenzen der Mitsprache der EU-Bürger auf.

**3** Bewerten Sie die Mitsprachemöglichkeiten der EU-Bürger und schlagen Sie mögliche Reformen vor.

## 2.1.4 Entscheidungsstrukturen in der Europäischen Union

Immer mehr Entscheidungen in der Innen- und Außenpolitik werden nicht mehr durch die Parlamente der einzelnen europäischen Nationalstaaten getroffen, sondern durch die Institutionen der EU. Durch diesen schrittweisen Machttransfer steigt die politische Bedeutung der EU im Alltag der EU-Bürger.

### Entscheidungsprozesse in der Europäischen Union M1

Die Entscheidungsstrukturen in der Europäischen Union sind durch den Vertrag von Lissabon festgelegt. Der Europäische Rat, der sich aus den Staats- und Regierungschefs der Mitgliedstaaten, dem Kommissionspräsidenten und dem Hohen Vertreter für Außen- und Sicherheitspolitik, zusammensetzt, ist das höchste politische Gremium. Zum Rat gehört auch der Ministerrat, der sich aus den Fachministern der Mitgliedstaaten zusammensetzt. Dieser koordiniert die einzelnen Politikbereiche in der EU und entscheidet über die Gesetzesvorschläge der Kommission. Das Europäische Parlament ist die letzte entscheidende Institution der EU.

Neue EU-Regulierungen sind das Produkt dieser Institutionen. Die EU-Kommission kann als einziges Organ neue Gesetze vorschlagen. Rat und EU-Parlament können die Kommission aber auch auffordern, Vorschläge zu erarbeiten. Der Gesetzgebungsprozess ist oft langwierig und kann vom EU-Parlament gekippt werden. Ein Gesetzesentwurf der Kommission geht an den Rat und an das Parlament. Das Parlament befasst sich damit in einer ersten Lesung und kann Änderungsvorschläge einbringen. In einer nächsten Instanz berät der Ministerrat in einer ersten Lesung darüber. Bei Ablehnung durch die Fachminister verweisen diese den Gesetzesentwurf zurück zum Parlament und es wird eine zweite Lesung notwendig. Das Parlament kann den Standpunkt des Rates aber auch annehmen und somit das Gesetz beschließen. Bei einer absoluten Mehrheit, die den Standpunkt des Rates ablehnt, ist die Gesetzesvorlage gescheitert. Im Falle, dass keine Einigung zwischen beiden Gremien gefunden wird, wird ein Vermittlungsausschuss eingesetzt, um einen gemeinsamen Entwurf auszuarbeiten. Dieser muss dann vom Rat und vom Parlament beschlossen werden. Bei einer Ablehnung durch eines der beiden Organe ist das ganze Gesetzesprojekt gescheitert.

Bei internationalen Verträgen oder dem Beitritt weiterer Staaten kann das Parlament nur zustimmen oder ablehnen. Des Weiteren hat das Parlament kein Mitspracherecht bei Steuervorschriften und bei der Änderung von EU-Verträgen. Die großen Richtungsentscheidungen in der EU treffen die Staats- und Regierungschefs. Insbesondere in der Außen- und Sicherheitspolitik spielen Kommission und Parlament eine untergeordnete Rolle.

Der EU-Gerichtshof entscheidet über die richtige Auslegung von EU-Gesetzen. Er urteilt nur, wenn er von nationalen Gerichten um eine Rechtsauslegung gebeten wird oder bei Klagen wegen Streitigkeiten zwischen den Institutionen und den EU-Mitgliedstaaten.

**1** Vervollständigen Sie mit Hilfe des Textes [M1] das Schaubild [M2], das die Entscheidungsstrukturen der EU im Gesetzgebungsprozess darstellt.

## Gesetzgebungsprozesse der EU

M2

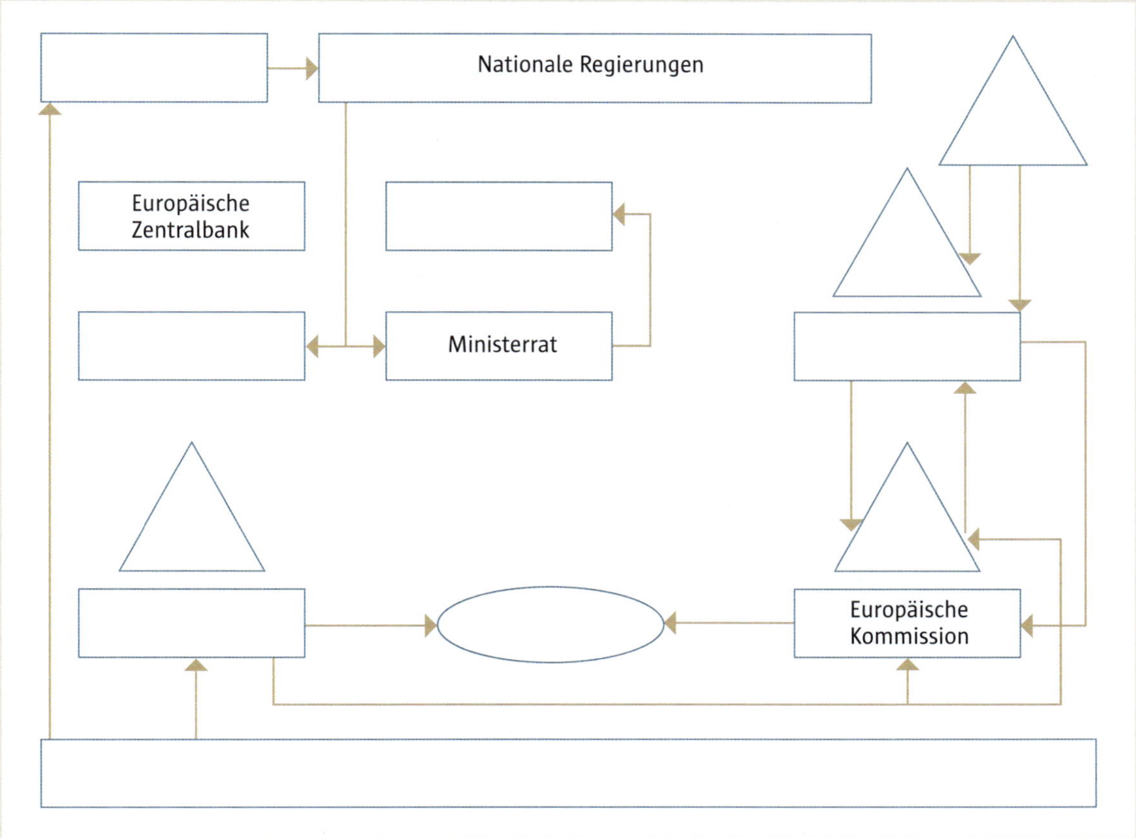


**2** Bereiten Sie sich auf eine Pro- und Kontra-Diskussion über die These „Die Arbeit der Europäischen Kommission macht eine vom Europaparlament gewählte europäische Regierung unnötig." vor. Notieren Sie Pro- und Kontra-Positionen.

# 2.2 Gemeinsames Wirtschaften

## 2.2.1 Der Europäische Binnenmarkt

Die Idee eines einheitlichen Europäischen Binnenmarkts gehörte bereits 1957 bei der Gründung der Europäischen Wirtschaftsgemeinschaft (EWG) zu den Kernzielen des europäischen Einigungsgedankens. Doch erst 1993 waren die Voraussetzungen gegeben, einen gemeinsamen Binnenmarkt zu schaffen, in dem es einen freien Verkehr von Waren, Personen, Dienstleistungen und Kapital gibt. Der heutige Europäische Binnenmarkt ist ein zentraler Bestandteil im Leben der meisten EU-Bürger.

M1

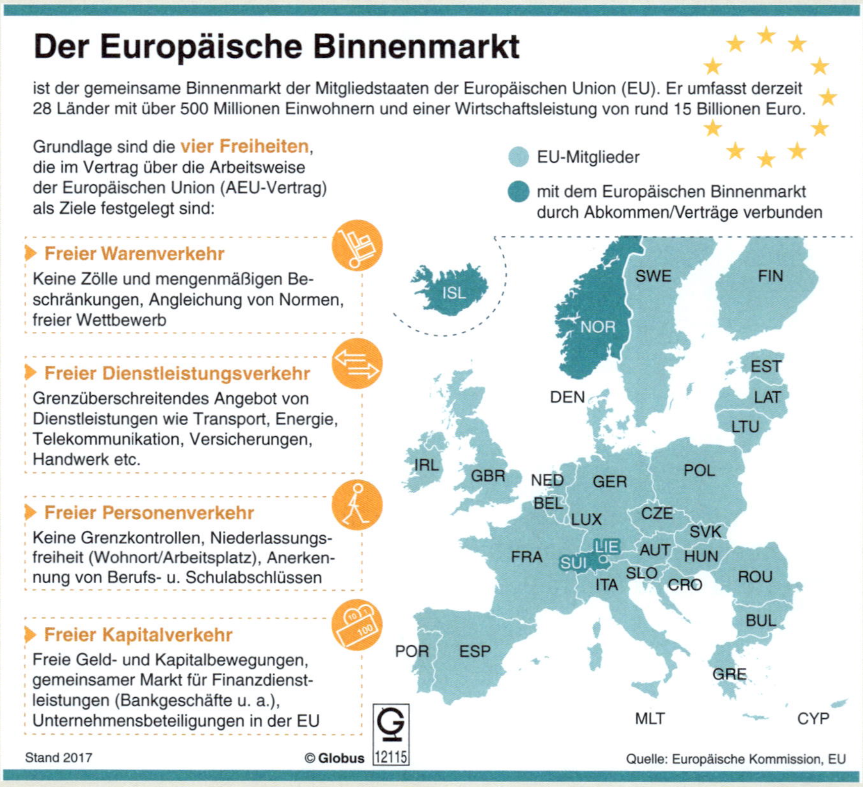


**1** Ordnen Sie die Aussagen einer der vier Freiheiten des Binnenmarkts zu.

| Aussagen | Freier Verkehr von ... |
|---|---|
| Mehrwert- und Verbrauchssteuern werden angeglichen. | |
| Architekten arbeiten in Frankreich. | |
| Der Wertpapierhandel ist liberalisiert. | |
| Dienstleistungen können EU-weit angeboten werden. | |
| Normen und Vorschriften beim Autobau sind einheitlich. | |

**M2**

| Vorteile | Nachteile |
|---|---|
| | |
| | |
| | |
| | |

**2** Die Freiheiten des Binnenmarkts bieten viele Vorteile. Erläutern Sie für jede der vier Freiheiten des Binnenmarkts einen möglichen Nachteil.

**M3**

**3** Analysieren und interpretieren Sie die Karikatur. Erläutern Sie die Vor- und Nachteile des Europäischen Binnenmarkts.

## 2.2.2 Der Euro – Eine Währung für Europa

Die Einführung des Euro als gemeinsame Währung hat die Wahrnehmung der EU durch deren Bürger stark verändert. Der Euro verdeutlichte den EU-Bürgern wie eng wirtschaftliche und politische Interessen in der EU verbunden sind und dass eine erfolgreiche wirtschaftliche Union auch eine politische Union zur Folge haben muss.

### Der Euro

M1

Der ______________ ist der wohl greifbarste Beweis für die europäische Integration: 338,6 Millionen Europäer bezahlen täglich mit der gemeinsamen Währung, die 19 der 28 EU-Länder bereits eingeführt haben. Weltweit bezahlen mehr als 175 Millionen Menschen in Währungen, die an den Euro gekoppelt sind.

Die Wirtschafts- und ______________ umfasst die Koordinierung der Wirtschafts- und Steuerpolitik, eine gemeinsame Währungspolitik und den Euro als gemeinsame Währung. Der Euro wurde am 1. Januar 1999 als virtuelle Währung für ______________ und buchhalterische Zwecke eingeführt. Die Banknoten und Münzen sind seit dem 1. Januar 2002 in Umlauf.

Eine gemeinsame Währung bietet viele Vorteile, wie die Beseitigung schwankender ______________ und Wechselgebühren. Sie erleichtert Unternehmen den ______________ Handel, ______________ die Wirtschaft, forciert das Wachstum und vergrößert das Angebot für alle Verbraucher. Auf globaler Ebene verleiht der Euro als zweitwichtigste internationale Währung nach dem ______________ der EU größeren Einfluss.

Die unabhängige ______________ ist für die Geldangelegenheiten in der EU zuständig. Ihr wichtigstes Ziel ist die Erhaltung der ______________. Sie legt auch eine Reihe von ______________ für den Euroraum fest. Jedes EU-Land ist nach wie vor selbst für die Erhebung seiner Steuern und für Entscheidungen bezüglich seines eigenen ______________ zuständig. Die nationalen Regierungen haben allerdings gemeinsame Regeln zu öffentlichen Finanzen erarbeitet, um die Stabilität des Wachstums zu fördern und die ______________ koordinieren zu können.

**1** Ergänzen Sie den Lückentext mit den unten aufgeführten Begriffen.

Beschäftigung ▪ stabilisiert ▪ bargeldlose Zahlungen ▪ Europäische Zentralbank ▪ Wechselkurse ▪ Leitzinssätzen ▪ Euro ▪ Währungsunion ▪ grenzüberschreitenden ▪ Preisstabilität ▪ Haushalts ▪ Dollar

M2

| Ziel der EZB | Aufgaben der EZB |
| --- | --- |
| | |
| | |
| | |
| | |
| | |
| | |

2 Ermitteln Sie mit Hilfe einer Internetrecherche, welche Ziele und Aufgaben die Europäische Zentralbank verfolgt.

3 Bereiten Sie sich auf eine Pro- und Kontra-Diskussion über die These „Einer gemeinsamen Währung muss auch eine politische Union Europas folgen." vor. Nutzen Sie dabei [M1]. Notieren Sie Pro- und Kontra-Positionen.

## INFOBOX

**Europäischer Währungsverbund 1972** (auch „Währungsschlange" genannt), Wechselkurssystem zwischen den Ländern der Europäischen Gemeinschaft, bei dem die Wechselkurse (sie konnten zwischen ± 2,25 % zueinander schwanken) in einem festen Verhältnis zueinander stehen sollten. Gegenüber dem Dollar konnten sie frei schwanken (Block-Floating). Das Europäische Währungssystem ersetzte 1979 diesen Verbund.

# 2.3 Die Zukunft Europas

## 2.3.1 Außen- und Sicherheitspolitik

Die Gemeinsame EU-Außen- und Sicherheitspolitik (GASP) wurde über Jahre hin schrittweise entwickelt und basiert auf einem Modell aus drei Säulen. Die GASP soll es der EU ermöglichen, auf der internationalen politischen Ebene mit einer Stimme zu sprechen. Gemeinsam haben die Mitgliedstaaten weitaus mehr Gewicht, als wenn jedes Land seine Interessen allein vertreten würde.

1 Ermitteln Sie mit Hilfe einer Internetrecherche weitere Merkmale der Gemeinsamen Außen- und Sicherheitspolitik.

### Europäische Union M1

| Europäische Gemeinschaft | Gemeinsame Außen- und Sicherheitspolitik (GASP) | Zusammenarbeit der EU-Länder in der Justiz und Innenpolitik |
|---|---|---|
| ▪ Zollunion und Binnenmarkt<br>▪ Wirtschafts- und Währungsunion<br>▪ Agrarpolitik<br>▪ Visa-, Asyl- und Einwanderungspolitik<br>▪ Verkehrspolitik<br>▪ Steuerpolitik<br>▪ Beschäftigungspolitik<br>▪ Handelspolitik<br>▪ Sozial-, Bildungs- und Jugendpolitik<br>▪ Kulturpolitik<br>▪ Verbraucher- und Gesundheitspolitik<br>▪ transeuropäische Netze<br>▪ Industriepolitik<br>▪ Politik des wirtschaftlichen und sozialen Zusammenhalts<br>▪ Forschungs- und Technologiepolitik<br>▪ Umweltpolitik<br>▪ Entwicklungshilfepolitik | **Außenpolitik:**<br><br><br><br><br><br><br>**Sicherheitspolitik:** | ▪ Zusammenarbeit der Justiz in Zivil- und Strafsachen (EUROJUST)<br>▪ polizeiliche Zusammenarbeit (EUROPOL)<br>▪ Kampf gegen Rassismus und Fremdenfeindlichkeit<br>▪ Kampf gegen Drogen- und Waffenhandel<br>▪ Bekämpfung des organisierten Verbrechens<br>▪ Terrorismusbekämpfung<br>▪ Kampf gegen Straftaten gegenüber Kindern und Menschenhandel |

## Gemeinsame Außen- und Sicherheitspolitik M2

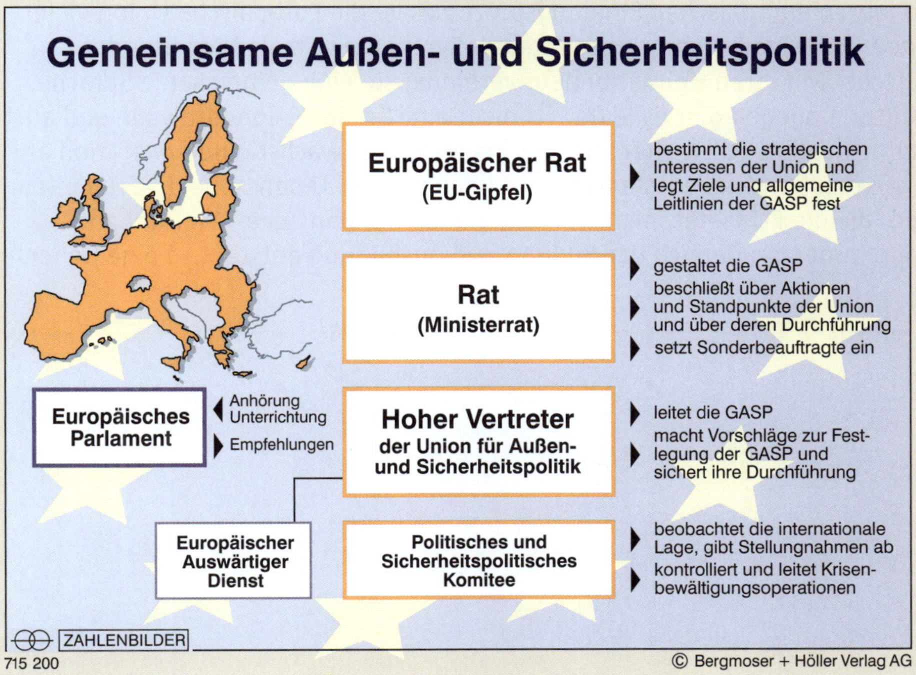


**2** Erklären Sie anhand des Schaubildes [M2], wie die gemeinsame Außen- und Sicherheitspolitik der EU auf eine Krisensituation reagieren kann. Halten Sie Ihre Notizen schriftlich im Hefter fest.

**3** Stellen Sie die Vor- und Nachteile der GASP gegenüber.

| Vorteile der GASP | Nachteile der GASP |
|---|---|
| | |

**4** Beurteilen Sie das Konzept der Gemeinsamen Außen- und Sicherheitspolitik: Überwiegen die Vor- oder die Nachteile?

## 2.3.2 Europas Jugend auf der Suche nach der europäischen Identität

Nach mehr als 60 Jahren europäischen Einigungsprozesses ist die Europäische Union vielen älteren Bürgerinnen und Bürgern immer noch fremd. Sie fühlen sich als Niederländer, Spanier oder Deutsche. Mit ihren Heimatländern verbindet sie eine gemeinsame Sprache, Geschichte und Kultur. Dagegen gibt es in der EU nicht eine Sprache, sondern viele und auch die Geschichte der Institution EU ist eher kurz. Nichtsdestotrotz wächst eine Generation an jungen Menschen in den EU-Mitgliedsstaaten heran, die sich ein Leben ohne die Freiheiten und Möglichkeiten, die die EU bietet, nicht vorstellen möchte. Dank einer Vielzahl an europäischen Programmen im Bereich der Bildung und Ausbildung entsteht so eine Generation Europa.

COMENIUS:

LEONARDO DA VINCI:

ERASMUS+:

**1** Recherchieren Sie im Internet die Aufgaben der unterschiedlichen europäischen Bildungs- und Ausbildungsprogramme.

M1

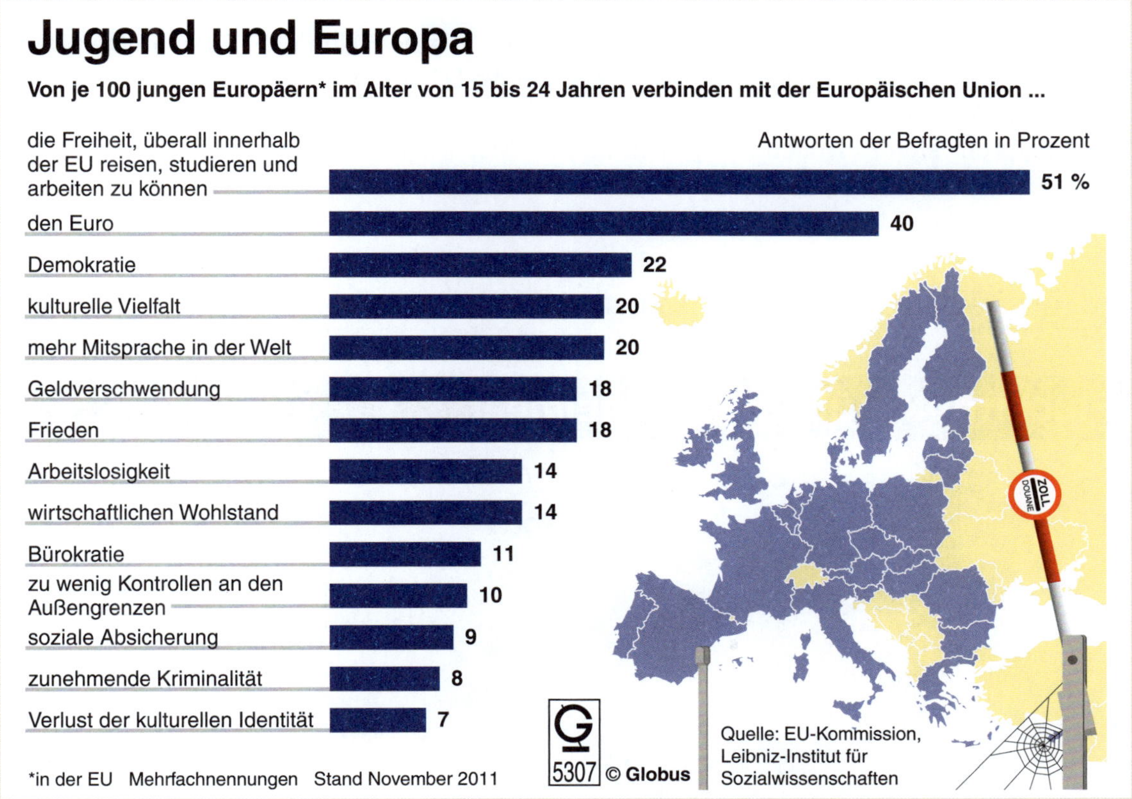


**2** Analysieren Sie die Grafik [M1]. Notieren Sie Ihre Ergebnisse in Stichpunkten.

**3** Verfassen Sie für einen Schüler-Blog einen kurzen Kommentar, in dem Sie ihre eigene europäische Identität erläutern bzw. beurteilen.

## 2.3.3 Die neuen Europäer? – Zukunftsperspektive Migration

Einwanderung ist für die wirtschaftliche und demografische Zukunft der Europäischen Union unverzichtbar. Es bleibt jedoch die Frage, wie soll die EU mit Migration umgehen? Die hohe Anzahl an Migranten der letzten Jahre hat Europa in das Dilemma gebracht, von der Zuwanderung profitieren zu wollen und gleichzeitig die Menschenrechte zu achten.

### Die großen Fluchtrouten über das Mittelmeer

M1

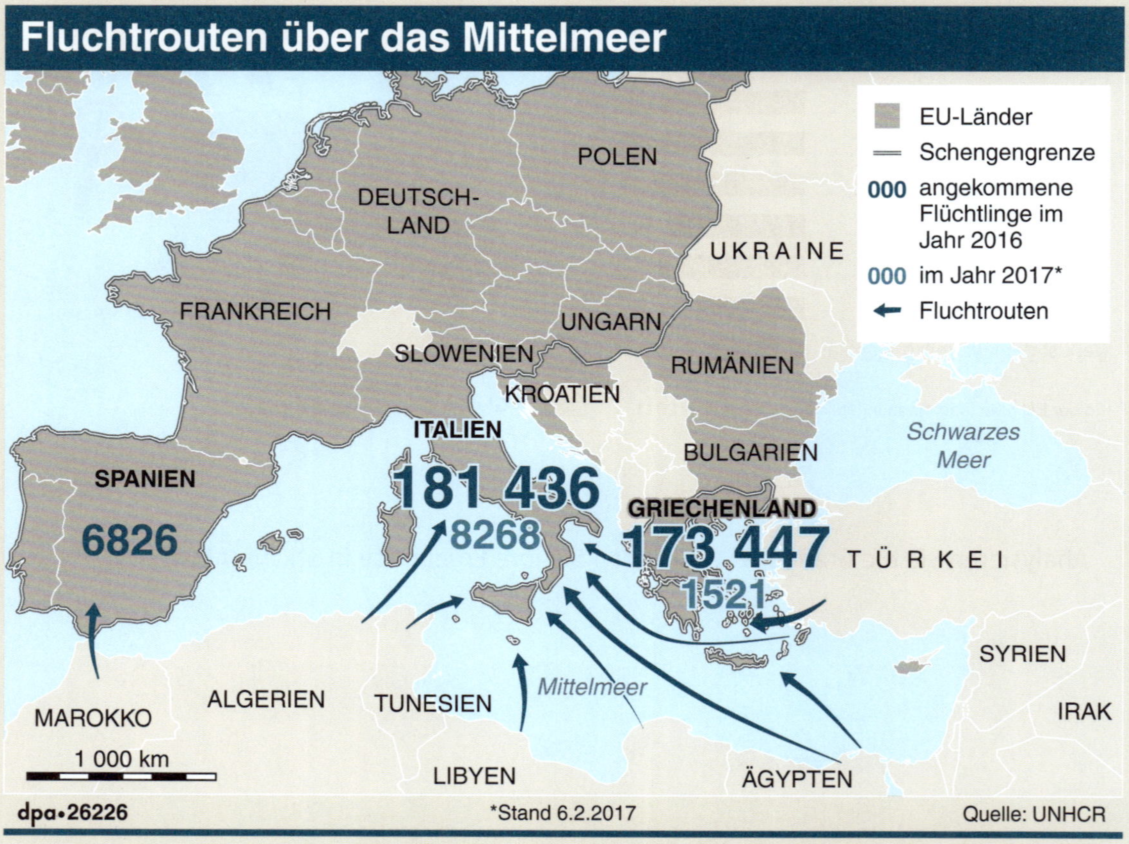


1 Beschreiben Sie das Schaubild.

**2** Füllen Sie mit Hilfe einer Internetrecherche die Tabelle aus.

**Dublin Verordnung**

| | |
|---|---|
| **Inhalt** | |
| **Ziel** | |
| **Probleme** | |
| **Alternativen** | |

## Projected population of EU members states M2

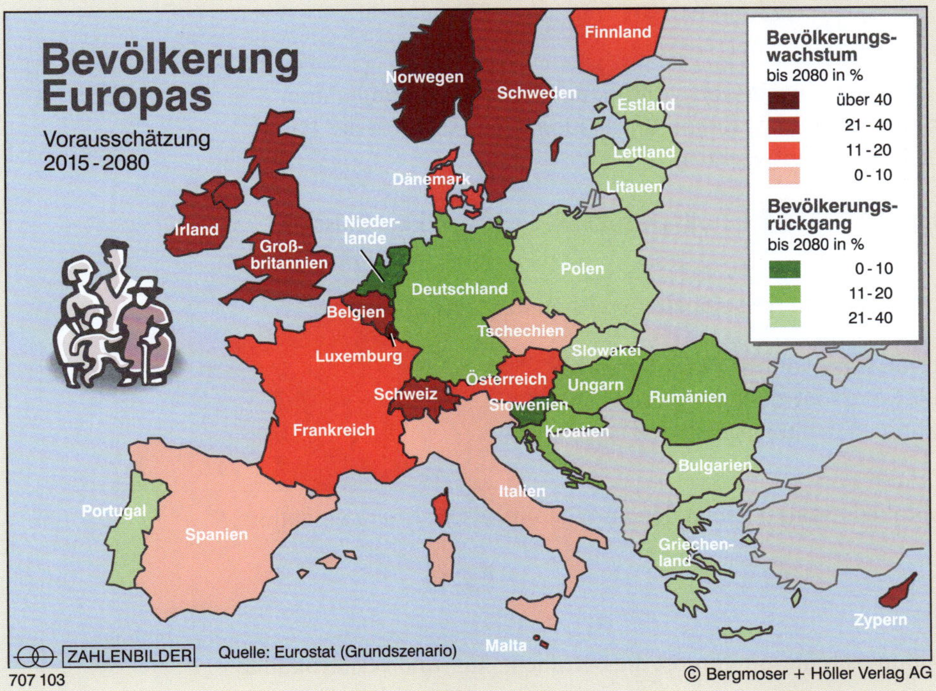


**3** Analysieren Sie unter Berücksichtigung der Ergebnisse von [M1] und der Tabelle in Aufgabe 2 die Grafik. Beurteilen Sie den Immigrationsbedarf in Europa.

T Beantworten Sie die Fragen, indem Sie ein Kreuz in die Spalte mit der richtigen Antwort setzen.

| Nr. | Aufgabe | A | B | C |
|---|---|---|---|---|
| **1.** | In welchem Jahr wurde die Montanunion beschlossen?<br>A 1947 B 1951 C 2002 | | | |
| **2.** | Unter welchem Namen sind die Verträge zur Gründung der Europäischen Wirtschaftsgemeinschaft (EWG) und der Europäischen Atomgemeinschaft (EAG, Euratom) bekannt?<br>A Römische Verträge B Amsterdamer Vertrag C Lissaboner Vertrag | | | |
| **3.** | Welcher der folgenden Staaten war kein Gründungsmitglied der EU?<br>A Polen B Frankreich C Belgien | | | |
| **4.** | Diese Institution schlägt Rechtsvorschriften, politische Maßnahmen und Aktionsprogramme vor und ist für die Umsetzung der Beschlüsse des Parlaments und des Rates verantwortlich.<br>A EU-Ministerrat B EU-Gerichtshof C EU-Kommission | | | |
| **5.** | Der Europäische Binnenmarkt beinhaltet welchen der folgenden Aspekte?<br>A Schaffung von Grenzkontrollen für Personen<br>B Wegfall der Grenzkontrollen für Waren<br>C Beschränkung im Zahlungsverkehr | | | |
| **6.** | Wieviele EU-Mitgliedsstaaten haben den Euro bereits als Währung eingeführt?<br>A 28 B 17 C 19 | | | |
| **7.** | Welches EU-Bildungsprogramm fördert die berufliche Aus- und Weiterbildung im Ausland?<br>A LEONARDO DA VINCI B ERASMUS C COMENIUS | | | |
| **8.** | Wer vertritt nicht die EU nach außen in Frage der gemeinsamen Außen- und Sicherheitspolitik?<br>A EU-Parlament B EU-Vorsitz C EU-Ministerrat | | | |
| **9.** | Wie heißt die Verordnung, die die Regelungen zur Bestimmung des Mitgliedsstaates festlegt, der für die Durchführung eines Asylverfahrens zuständig ist?<br>A Berlin Verordnung B Dublin Verordnung C Athen Verordnung | | | |

# 3 Internationale Politik

| Abschnitte | Methoden | Kompetenzen |
|---|---|---|
| 3.1 Konflikte weltweit | ■ Schaubilder/Diagramme/Grafiken auswerten<br>■ Karikaturen analysieren<br>■ Internetrecherche<br>■ Texte analysieren | ■ globale Umweltprobleme erkennen<br>■ Handlungsebenen und Akteure der globalen Umweltpolitik benennen und erläutern<br>■ Definitionen für zentrale Begriffe kennen<br>■ Migrationsprozesse erläutern<br>■ Definitions-Dilemma des Begriffs Terrorismus benennen<br>■ Begriffe definieren und kennen, an Beispielen erläutern |
| 3.2 Friedenssicherung | ■ Texte analysieren<br>■ Internetrecherche<br>■ Schaubilder/Diagramme/Grafiken auswerten<br>■ Statistik erläutern<br>■ Karikaturen analysieren | ■ eigene Definitionen verfassen<br>■ Merkmale moderner Kriegsformen erläutern<br>■ Statistiken analysieren und erläutern<br>■ Karikaturen analysieren<br>■ Zieldimensionen der Entwicklungshilfe benennen und beurteilen |
| 3.3 Internationale Konfliktlöser | ■ Lückentext ergänzen<br>■ Internetrecherche<br>■ Schaubilder/Diagramme/Grafiken auswerten<br>■ Karikaturen analysieren<br>■ Texte analysieren<br>■ Statistik analysieren | ■ Struktur und Aufgaben der Vereinten Nationen kennen<br>■ die in der Präambel des Nordatlantikvertrags genannten Ziele in eigenen Worten zusammenfassen<br>■ fünf NGOs kennen und deren Aufgaben und Ziele benennen |

# 3.1 Konflikte weltweit

## 3.1.1 Ökologische Probleme – Ein Kampf gegen Windmühlen?

Seit Beginn der 1960er Jahre sind die Auswirkungen der Industrialisierung nicht mehr übersehbar. Die daraus resultierenden globalen ökologischen Probleme können auch nicht mehr von den Nationalstaaten allein gelöst werden, sondern bedürfen internationaler politischer Anstrengungen. Auf globaler Ebene stellt heute insbesondere die globale Erwärmung aber auch fortschreitende Desertifikation oder die ungebremste Entwaldung eine wesentliche Bedrohung des menschlichen Zusammenlebens dar.

**1** Benennen Sie jeweils ein aktuelles Beispiel für die globalen Umweltprobleme.

### Globale Umweltprobleme — M1

1.
2.
3.
4.
5.
6.
7.
8.

### Handlungsebenen und Akteure der globalen Umweltpolitik — M2

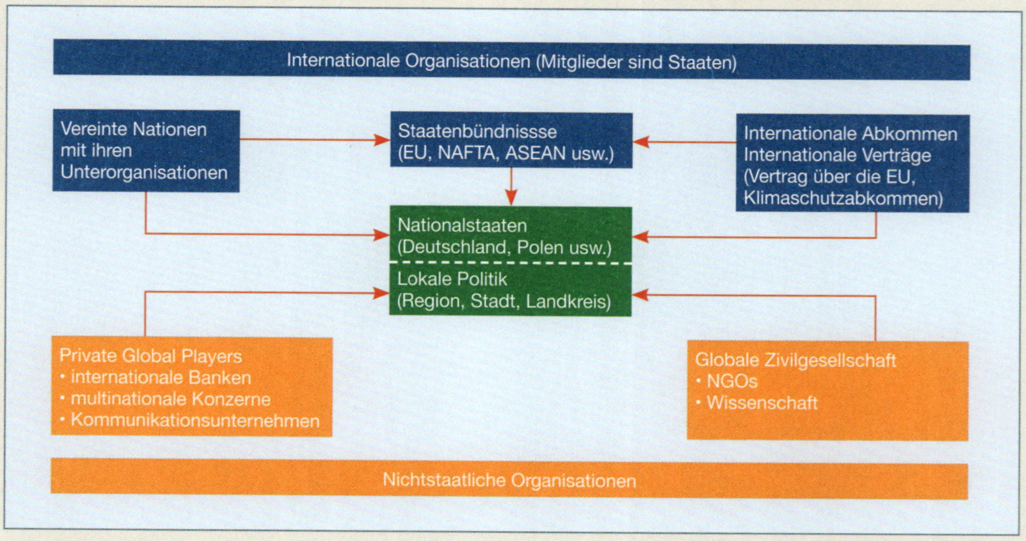

**2** Erläutern Sie anhand des Schaubildes die Handlungsebenen und Akteure der globalen Umweltpolitik.

## Globale Umweltprobleme

**M1**

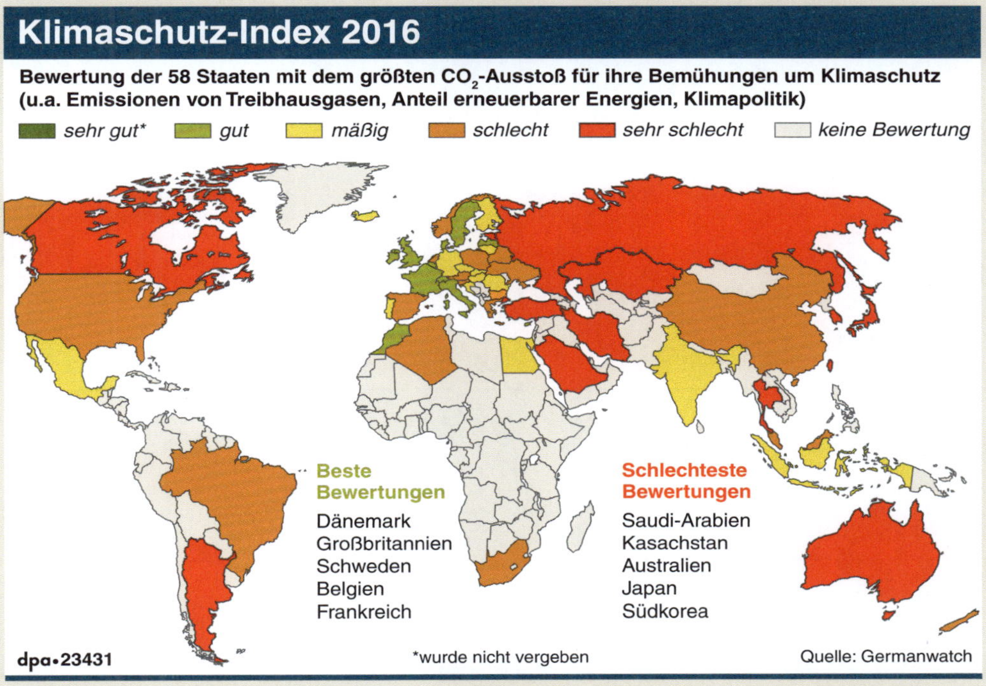


**Klimakonferenzen:**
1995 Berlin
1996 Genf
1997 Kyoto
1998 Buenos Aires
1999 Bonn
2000/2001 Den Haag/Bonn
2001 Marrakesch
2002 Neu Delhi
2003 Mailand
2004 Buenos Aires
2005 Montreal
2006 Nairobi
2007 Bali
2008 Posen
2009 Kopenhagen
2010 Cancun
2011 Durban
2012 Doha
2013 Warschau
2014 Lima
2015 Paris
2016 Marrakesch
2017 Bonn

**3** Analysieren und interpretieren Sie das Schaubild unter Berücksichtigung der Tatsache, dass es seit 1995 regelmäßig Klimakonferenzen gegeben hat. Halten Sie Ihre Ergebnisse stichpunktartig fest.

### 3.1.2 Migrationen – Die Völkerwanderung des 21. Jahrhunderts?

Derzeit sind Millionen Menschen weltweit auf der Flucht bzw. haben aus anderen existenziellen Gründen ihre Heimat verlassen – so viele wie noch nie seit Ende des Zweiten Weltkriegs. Mehr als die Hälfte von ihnen sind Kinder, Minderjährige und junge Erwachsene. Hauptursachen für diese Massenmigration sind die Folgen gewaltsamer Konflikte, zum Beispiel in Afghanistan, Irak und Syrien, sowie erodierende staatliche Strukturen und mangelnde wirtschaftliche Perspektiven in Herkunfts- und Transitländern.

| |
|---|
| Migrant: |
| Flüchtling: |
| Binnenflüchtling: |
| Wirtschaftsflüchtling: |
| Fluchtrouten: |
| Schlepper: |
| Asyl: |
| Integration: |

**1** Ermitteln Sie mit Hilfe einer Internetrecherche Definitionen für die jeweiligen Begriffe.

## Push- und Pull-Faktoren M1

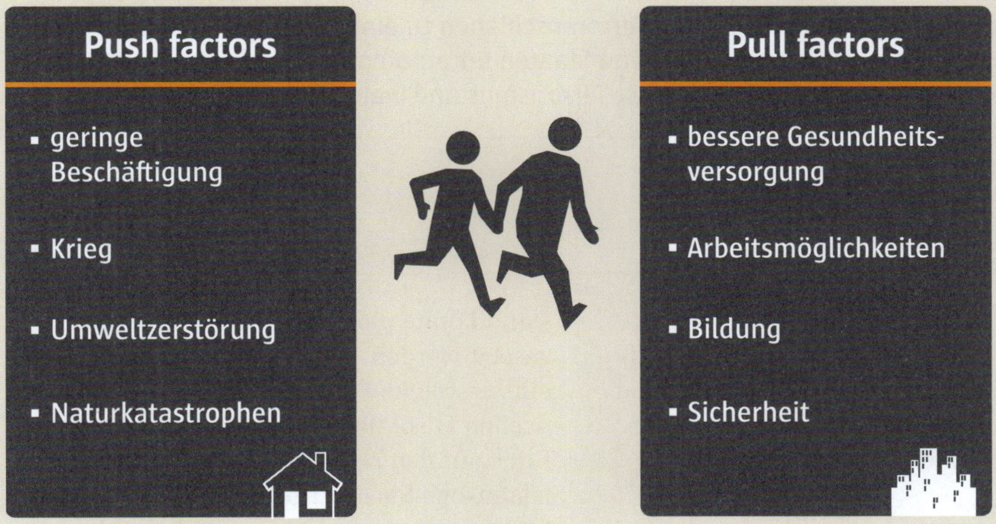


(http://www.bbc.co.uk/staticarchive/15be21e8e6e162a528b9857f9f02a62cb9fe3c9f.png)

**2** Erläutern Sie anhand des Schaubildes die Ursachen von Migrationsprozessen.

**3** „Migrationen sind moderne Völkerwanderungen.“ Setzen Sie sich mit der These auseinander. Notieren Sie Stichpunkte in Ihrem Hefter.

## 3.1.3 Terrorismus und seine Erscheinungsformen

In vielen Ländern der Erde ist die innere und äußere Sicherheit innerhalb der letzten Jahrzehnte durch die zunehmende Zahl an Terroranschlägen zu einem zentralen Thema geworden. Die Sorge vor Anschlägen und die von Staaten unternommenen Sicherheitsanstrengungen sind allgegenwärtig. Aber was ist Terrorismus und welche Ursachen hat er?

### Definitionsdilemma M1

Die Antwort auf diese Frage hat ihre Tücken. Eine erschöpfende oder gar verbindliche Definition gibt es nicht – und das hat nicht zuletzt völkerrechtliche Konsequenzen. Versuch einer Begriffsklärung.

#### Freiheitskämpfer oder Terrorist? – Ein Definitionsdilemma

Die Anschläge in New York und Washington [2001] markieren in der öffentlichen Diskussion über Terrorismus einen Wendepunkt: Tauchte der Begriff vor dem 11. September nur sporadisch auf, bestimmt er heute die weltpolitische Agenda. Gerade seine inflationäre und oftmals emotional aufgeladene Verwendung aber macht jeden Definitionsversuch zu einem schwierigen Unterfangen, denn: Diejenigen, die über Terrorismus sprechen, verstehen darunter nur selten das Gleiche. (…)

#### Terrorist oder Freiheitskämpfer? An der Hamas scheiden sich die Geister

Der in diesem Zusammenhang oft zitierte Satz „Des einen Terrorist ist des anderen Freiheitskämpfer“ umreißt dieses Problem und wirft zugleich eine ethische Frage auf, an deren Antwort sich die Geister scheiden: Rechtfertigt der Einsatz für eine als gerecht empfundene Sache, zu entsetzlichen Mitteln zu greifen? Ja, meinen radikale Organisationen wie Al Kaida, Hamas, Hisbollah oder Islamischer Dschihad. Berechtigter Widerstand könne nie mit Terrorismus gleichgesetzt werden, erklärte etwa jüngst der einflussreiche Führer der radikalislamischen Hisbollah, Hassan Nasrallah, mit Blick auf den Nahost-Konflikt. Einige islamische Staaten neigen dazu, diese Sichtweise zumindest zu tolerieren. In der westlichen Welt dagegen werden Anschläge auf Unschuldige allgemein als Verbrechen verstanden.

Für den renommierten Sozialwissenschaftler und Publizisten Harald Welzer ist klar: „Terrorismus ist das ungezielte Töten unschuldiger Menschen mit der Absicht, eine um sich greifende Furcht zu erzeugen“. So richtig diese Annahme aus einer moralischen Perspektive auch ist, die konkrete Bewertung solcher gegen einen Staat gerichteten Gewalttaten bleibt eine hoch ideologisierte Angelegenheit: Ob sie als Terrorismus gewertet werden, hängt ganz offensichtlich vom politischen Standpunkt ab.

Bereits an dieser Erkenntnis scheitert eine grenzüberschreitende Definition. Mit den globalen Operationen Al Kaidas aber hat auch der Kampf gegen den Terrorismus internationale Ausmaße angenommen. Die Frage, wer ein Terrorist ist, erhielt damit eine völkerrechtliche Bedeutung. (…)

(aus: Jan Oltmanns: Definitionsdilemma: Was ist Terrorismus? www.tagesschau.de)

**1** „Was ist Terrorismus?“ Fassen Sie das Definitionsdilemma in drei Sätzen zusammen.

**2** Ordnen Sie die unterschiedlichen Arten von Terrorismus, der jeweiligen Definition zu, und finden Sie jeweils ein aktuelles Beispiel.

| Erscheinungsform des Terrorismus |
|---|
| **Rechtsterrorismus** |
| **Terrorismus links-extremistischer Gruppen** |
| **Terrorismus religiös-fundamentalistischer Gruppen** |
| **Terrorismus ethnischer Minderheiten** |

| Definition | Beispiel |
|---|---|
| Ziel dieser Gruppen ist es, einen Wandel in der politisch-sozialen Ordnung in hoch industrialisierten Staaten revolutionär herbeizuführen, da diese als ungerecht angesehen werden. | |
| Diese Gruppen wollen die bestehende Weltordnung durch die Herrschaft ihrer Religion ersetzen. Der Märtyrertod wird als direkter Weg ins Paradies gesehen. | |
| Diese Gruppen unterscheiden sich in Sprache, Tradition und oft auch durch ihre Religion von der restlichen Bevölkerung und versuchen durch Terrorismus politische Autonomie zu erlangen. | |
| Diese Gruppen wollen parlamentarische Demokratien durch eine autoritär-faschistische Ordnung ersetzen. Sie sehen die Gesellschaft durch Ausländer und linksorientierte Gruppierungen bedroht. | |

**M2**

(Karikatur Gerhard Mester)

**3** Analysieren und interpretieren Sie die Karikatur.

## 3.1.4 Ethnische Konflikte – Das Ende des klassischen Krieges?

Die Dekolonisation zu Beginn der zweiten Hälfte des 20. Jahrhunderts, sowie das Ende des Kalten Krieges haben eine neue Form von gewaltsamem Konflikt hervorgebracht: den ethnischen Konflikt. So hat eine große Zahl der gewaltsam ausgetragenen innerstaatlichen Konflikte der vergangenen Jahre einen ethnischen Hintergrund und prägt daher auch unser Bild vom „modernen" Krieg der Gegenwart.

**1** Definieren Sie den Begriff „ethnischer Konflikt". Nutzen Sie das Internet.

### Globale Verteilung ethnischer Konflikte **M1**

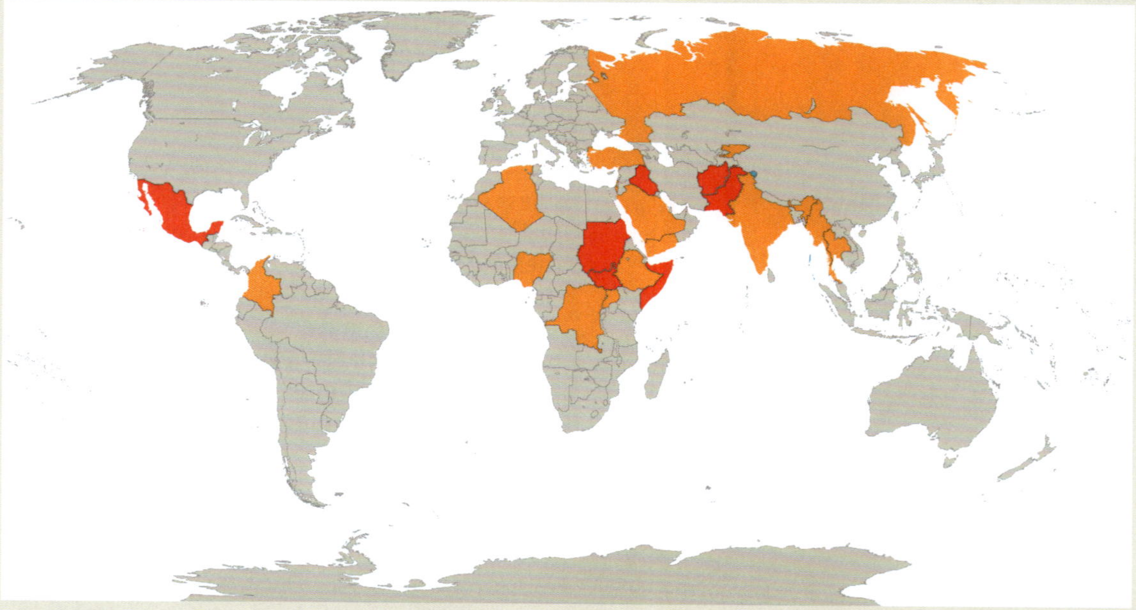

**2** Ergänzen Sie die Namen der markierten Länder [M1]. Beschreiben Sie die globale Verteilung von ethnischen Konflikten.

3 Überprüfen Sie mit Hilfe einer Internetrecherche, bei welchem der in der Tabelle genannten Konflikte es sich um einen ethnischen Konflikt handelt.

| Konflikt | | zutreffend | nicht zutreffend |
|---|---|---|---|
| Afghanistan Konflikt | (1979–1989) | | |
| Bosnien Krieg | (1992–1995) | | |
| Krieg in der Ukraine | (seit 2014) | | |
| Ruanda | (1994) | | |
| Falklandkrieg | (1982) | | |

4 Wählen Sie einen ethnischen Konflikt der Gegenwart und analysieren Sie ihn mithilfe der hier genannten Merkmale.

### Merkmale ethnischer Konflikte

Ursache des Konfliktes:

Ablauf des Konfliktes:

Auswege/Lösungsansätze des Konfliktes:

# 3.2 Friedenssicherung

## 3.2.1 Krieg und Frieden

Die Bedeutung von Kriegen und Frieden hat sich in den letzten Jahrzehnten radikal verändert. Waren beide politische Zustände früher klar definiert, so ist dies heute nicht mehr der Fall. Ursachen, Konfliktparteien, Ziele und Kriegsführung sind meist sehr unterschiedlich und komplex und stellen unser traditionelles Verständnis von Krieg und Frieden in Frage.

### Was ist Krieg und Frieden? M1

#### Was ist Frieden?

(...) Einfach gesagt ist Frieden Harmonie, die erreicht wird durch die Abwesenheit von Konflikten. Das gilt für den inneren Frieden, den man mit sich selbst macht oder der in einem Land herrschen kann, und für den äußeren, in dem Völker und Staaten miteinander leben – oder eben nicht. Diese Definition reicht aber nicht mehr aus. Der norwegische Mathematiker und Politologe Johan Galtung, (...) nennt die reine Abwesenheit von Gewalt einen negativen Frieden. Dagegen besteht ein positiver Friede außerdem in der Abwesenheit von struktureller Gewalt. Das sei alles, was Individuen daran hindert, sich voll zu entfalten: Diskriminierung genauso wie die ungleiche Verteilung von Einkommen, Bildungschancen und Lebenserwartungen. „Frieden bedeutet menschliche Sicherheit: ein menschenwürdiges Leben für alle, ohne Hunger und Not und mit Toleranz gegenüber dem anderen“, sagt Peter Croll, Direktor des Internationalen Konversionszentrums Bonn (BICC), (...) Frieden sei ein Prozess, der im Kopf beginne und immer wieder neu gestartet werden müsse (...) Ein gerechter Frieden beinhalte bürgerliche und politische Rechte sowie wirtschaftliche Sicherheit und Chancen (...)

(aus: Juliane Schäuble: Was ist Frieden? http://www.tagesspiegel.de/politik/nach-innen-und-aussen-was-ist-frieden/3679710.html)

#### Kriegsdefinitionen

Definitionen (...) von Krieg (können) nie für alle Zeiten gültig sein, weil sich mit den stetigen kulturellen Veränderungen auch die Formen der Gewalt wandeln. Ein weiteres Problem besteht darin, dass der Kriegsbegriff aus politischen Gründen stark umkämpft ist: Befindet sich beispielsweise Deutschland in Afghanistan in einem Krieg? Der Politologe Sven Chojnacki beschreibt Krieg als eine „Extremform militärischer Gewalt zwischen mindestens zwei politischen Gruppen“. Über eine genauere Begriffsbestimmung herrscht selbst unter Wissenschaftlern insgesamt keine Einigkeit. Eine häufig verwendete Kriegsdefinition ist aber die der Hamburger Arbeitsgemeinschaft Kriegsursachenforschung (AKUF). Sie sieht Krieg als einen gewaltsamen Massenkonflikt, der alle folgenden Merkmale aufweist:

a) an den Kämpfen sind zwei oder mehr bewaffnete Streitkräfte beteiligt, bei denen es sich mindestens auf einer Seite um reguläre Streitkräfte (...) der Regierung handelt;
b) auf beiden Seiten muss ein Mindestmaß an zentralgelenkter Organisation der Kriegführenden und des Kampfes gegeben sein (...);
c) die bewaffneten Operationen ereignen sich mit einer gewissen Kontinuierlichkeit und nicht nur als gelegentliche, spontane Zusammenstöße, d. h. beide Seiten operieren nach einer planmäßigen Strategie, gleichgültig ob die Kämpfe auf dem Gebiet einer oder mehrerer Gesellschaften stattfinden und wie lange sie dauern.“(...)

(aus: Bettina Gaus: Kriegsdefinitionen. www.bpb.de)

**1** Verfassen Sie mithilfe der Quellen in [M1] eigene Definitionen für die Begriffe „Krieg“ und „Frieden“.

| Aussage 1: „Ohne Krieg kein Frieden“ | Aussage 2: „Der Einsatz militärischer Gewalt schafft keinen Frieden.“ |
| --- | --- |
| | |

**2** Recherchieren Sie im Internet nach Argumenten, die die jeweilige Aussage unterstützen.

## Inner- und zwischenstaatliche Konflikte (1945–2010) M2

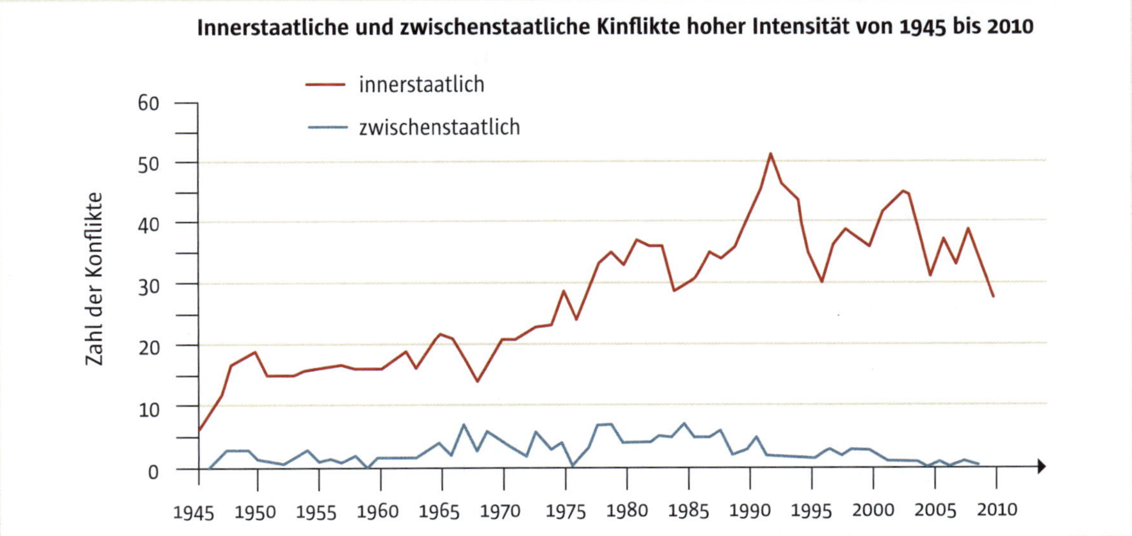


Seit 1945 ist die Anzahl der Bürgerkriege stark angestiegen. Die Grafik zeigt laufende innerstaatliche (in der Grafik rot) und zwischenstaatliche (in der Grafik blau) Konflikte hoher Intensität von 1945 bis 2010.

(aus: www.bpb.de)

**3** Analysieren und interpretieren Sie die Grafik [M2].

### 3.2.2 Friedenssicherung und Entwicklungshilfe

Viele Länder der sogenannten Dritten Welt erhalten Entwicklungshilfe von den Industrienationen. Diese Form der Hilfe basiert auf finanzieller und materieller Unterstützung der betroffenen Länder. Darüber hinaus kommt es auch oft zu einem Wissenstransfer, um den Entwicklungsländern Hilfe zur Selbsthilfe zu ermöglichen. Mit der beginnenden Dekolonisation in der Mitte des 20. Jahrhunderts begann die moderne Entwicklungshilfe. Die dadurch angestrebte Angleichung der ökonomischen Lebensverhältnisse und eine daraus resultierende globale Friedenssicherung war jedoch nur bedingt erfolgreich.

#### Pro-Kontra-Debatte – Entwicklungshilfe eine Erfolgsgeschichte? M1

**Pro**

Die Entwicklungshilfe der westlichen Industriestaaten gibt den Ländern der Dritten Welt die Möglichkeit, sich wirtschaftlich, gesellschaftlich und politisch zu entwickeln. Sie haben so die Chance, am Wohlstand dieser Staaten teilzuhaben. Ziel der Entwicklungshilfe ist es, die Demokratisierung in den Entwicklungsländern voranzutreiben und zeitgleich die Rechtsstaatlichkeit und innere Sicherheit zu fördern. Entwicklungshilfe trägt auch zur Armutsminderung bei und fördert die Gleichberechtigung von Frauen sowie ethnischen und anderen Minderheiten in diesen Ländern. Entwicklungshilfe ist erfolgreich, weil sie eben nicht nur ein Transfer von finanziellen Mitteln bedeutet, sondern auch ein Transfer von Wissen und Fähigkeiten ist. Entwicklungshilfe ist vor allem Hilfe zur Selbsthilfe. Der Erhalt von Entwicklungshilfe stabilisiert die gesellschaftlichen Konflikte und erhöht so die Chance auf Frieden in den Empfängerländern. Entwicklungshilfe ist somit auch von Vorteil für die Industrienationen, da sie den Migrationsdruck auf diese mindert.

**Kontra**

Die von der westlichen Welt geleistete Entwicklungshilfe erweist sich seit Jahrzehnten als Fehlinvestition ohne wirkliche Rendite. Dies gilt nicht nur für die staatliche sondern auch für die nichtstaatliche Entwicklungshilfe. Ursache hierfür ist, dass strukturelle Grundprobleme in den Empfängerländern übersehen, ignoriert und auch toleriert werden. So sind in vielen Ländern der Dritten Welt die politischen und wirtschaftlichen Strukturen sehr mangelhaft und nicht in der Lage, die empfangene Entwicklungshilfe effektiv zu verwalten, zu verteilen oder zu implementieren. Den vorhandenen politischen Systemen fehlt es oft an einer funktionierenden Gewaltenteilung. Und anstelle einer demokratischen Zivilgesellschaft agieren oft korrupte Patronagesysteme bzw. Diktatoren. Daneben fehlt meist auch ein rechtlich reguliertes Finanz- und Wirtschaftssystem. Darüber hinaus wird der erfolgreiche Einsatz von Entwicklungshilfe durch instabile Sicherheitslagen, gewaltsame Konflikte, verschiedene Umweltfaktoren, einen hohen Migrationsdruck in den Empfängerländern und durch die eigene Wirtschaftspolitik in den Geberländern untergraben.

1 Vergleichen Sie die unterschiedlichen Positionen [M1]. Notieren Sie Ihre Ergebnisse in Ihrem Hefter.

## Zieldimensionen der Entwicklungspolitik M2

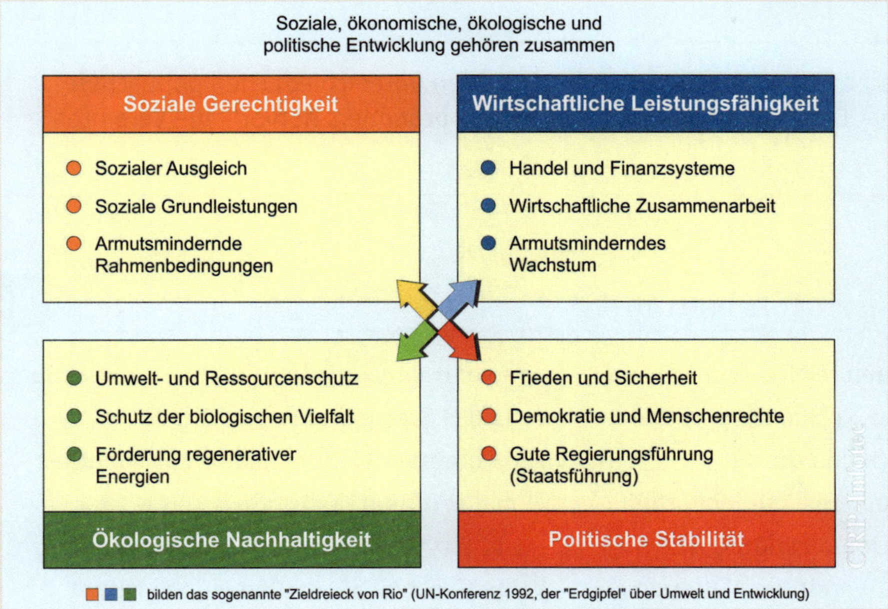


**2** Beurteilen Sie unter Berücksichtigung der Ergebnisse von [M1], die in [M2] benannten Zieldimensionen der Entwicklungspolitik. Notieren Sie hierzu Stichpunkte.

**3** Bereiten Sie sich auf eine Pro- und Kontra-Diskussion über die These „Der Nutzen von Entwicklungshilfe heißt, Einfluss in den Staaten der Dritten Welt zu bekommen. Demokratie und Menschenrechte sind dabei zweitrangig.“ vor. Nutzen Sie dabei [M1] und [M2]. Notieren Sie Pro- und Kontra-Positionen.

# 3.3 Internationale Konfliktlöser

## 3.3.1 Die Vereinten Nationen (UN)

Der Begriff der internationalen Politik wird stets mit den unterschiedlichen politischen Akteuren verbunden. Dabei sticht vor allem ein Akteur besonders hervor – die Vereinten Nationen.

### Struktur der Vereinten Nationen

M1

Die Vereinten Nationen (UNO) wurden am 24. Oktober 1945 von 51 Staaten gegründet, mit dem Ziel, den Frieden durch ________ ________ und eine gemeinsame Sicherheitspolitik zu erhalten. Heute gehören fast alle Staaten der Welt den Vereinten Nationen an. Gegenwärtig besteht die UNO aus 193 Mitgliedsstaaten.

Wenn ein Staat Mitglied der Vereinten Nationen wird, willigt er ein, die Verpflichtungen aus der ________________ der Vereinten Nationen einzuhalten. Dieser internationale Vertrag legt die grundlegenden Prinzipien der internationalen Beziehungen fest.

Basierend auf der Charta haben sich die Vereinten Nationen vier Ziele gesetzt: Internationalen ________________ und ________________ erhalten, partnerschaftliche Beziehungen zwischen den Staaten entwickeln, zur internationalen Problemlösung von Themen wie Krieg, Armut und Hunger und zur Förderung der Achtung der ________________ zusammenarbeiten sowie den zentralen Angelpunkt zur Harmonisierung des Staatenhandelns bilden.

Die Vereinten Nationen sind ein wichtiger globaler Akteur. Es ist aber keine ________________ und sie erlassen auch keine Gesetze. Sie stellen jedoch Mittel bereit zur internationalen ________________ und zur Förderung von Maßnahmen in Bereichen, die alle Menschen betreffen. Bei den Vereinten Nationen haben alle Mitgliedstaaten, trotz unterschiedlicher politischer Sichtweisen und Sozialsystemen eine Stimme in diesem Prozess.

Die Vereinten Nationen verfügen über sechs Hauptorgane. Die ________________ , der Sicherheitsrat, der Wirtschafts- und Sozialrat, der Treuhandrat und das Sekretariat haben ihren Sitz am Hauptsitz der Vereinten Nationen in ________________ . Der Internationale Gerichtshof befindet sich in ________________ in den Niederlanden.

(aus: Die Vereinten Nationen im Überblick. www.dgvn.de)

**1** Ergänzen Sie den Lückentext mit den unten aufgeführten Begriffen.

Konfliktlösung ▪ Generalversammlung ▪ Menschenrechte ▪ Charta ▪ internationale Zusammenarbeit ▪ Frieden ▪ Den Haag ▪ Sicherheit ▪ Weltregierung ▪ New York

## Organisationen der Vereinten Nationen M2

unicef

UNHCR
The UN Refugee Agency

UNDP
Empowered lives.
Resilient nations.

WFP
World Food Programme

**2** Ermitteln Sie mit Hilfe einer Internetrecherche, welche Ziele und Aufgaben die vier folgenden Organisationen der Vereinten Nationen haben.

## Der Weltsicherheitsrat M3

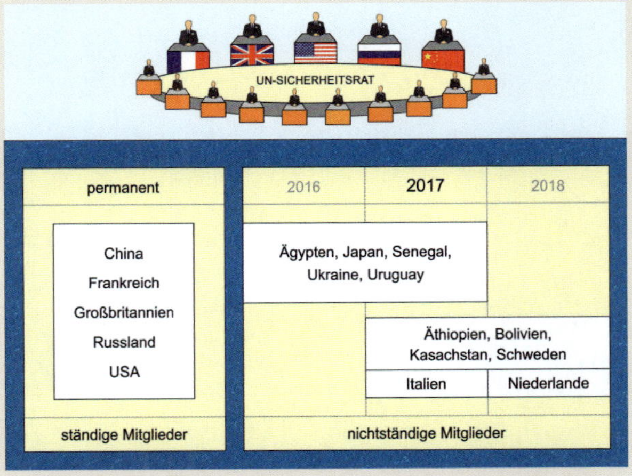


**3** Kennzeichnen Sie die Zielsetzung stichpunktartig: Welche Idee verbirgt sich hinter der Schaffung des Weltsicherheitsrates im Jahre 1946?

**INFOBOX**

Im Jahre 2000 wurden auf einem Millenniumsgipfel acht Millenniums-Entwicklungsziele (MDGs) der Vereinten Nationen beschlossen. Eine Arbeitsgruppe von UNO, Weltbank, OECD und mehreren Nichtregierungsorganisationen hatte sie formuliert. Dabei sollten Hunger und extreme Armut bis Ende 2015 auf der Welt beseitigt sein. Diese Ziele sind nicht erreicht worden.

## 3.3.2 Die NATO: Sicherheitsbündnis mit Zukunft?

Die NATO (North Atlantic Treaty Organization – Nordatlantikvertrag) ist ein Verteidigungsbündnis und entstand 1949 im Zuge des sich verschärfenden Ost-West-Konflikts. Gründungsmitglieder waren zehn westeuropäische Staaten, Kanada und die USA. Die Bundesrepublik Deutschland trat 1955 bei. Seit 2004 gehören 26 Staaten der NATO an, die heute eine der wichtigsten globalen Sicherheitsakteure ist.

### Präambel des Nordatlantikvertrags (Washington D.C., 4. April 1949) M1

Die Parteien dieses Vertrags bekräftigen erneut ihren Glauben an die Ziele und Grundsätze der Satzung der Vereinten Nationen und ihren Wunsch, mit allen Völkern und Regierungen in Frieden zu leben. Sie sind entschlossen, die Freiheit, das gemeinsame Erbe und die Zivilisation ihrer Völker, die auf den Grundsätzen der Demokratie, der Freiheit der Person und der Herrschaft des Rechts beruhen, zu gewährleisten. Sie sind bestrebt, die innere Festigkeit und das Wohlergehen im nord-atlantischen Gebiet zu fördern. Sie sind entschlossen, ihre Bemühungen für die gemeinsame Verteidigung und für die Erhaltung des Friedens und der Sicherheit zu vereinigen. Sie vereinbaren daher diesen Nordatlantikvertrag.

(aus: Der Nordatlantikvertrag. www.nato.diplo.de)

1 Fassen Sie die in der Präambel des Nordatlantikvertrags genannten Ziele mit Ihren eigenen Worten zusammen.

### Militärausgaben der NATO-Staaten M2

Nur vier Staaten halten sich an das Nato-Ziel

„... nur vier der 27 Nato-Mitgliedstaaten, die das von der Allianz selbst gesetzte Ziel einhalten, mindestens 2 Prozent des Bruttoinlandsprodukts fürs Militär auszugeben."

Quelle: http://www.manager-magazin.de/politik/artikel/a-989679.html

(NATO, statista)

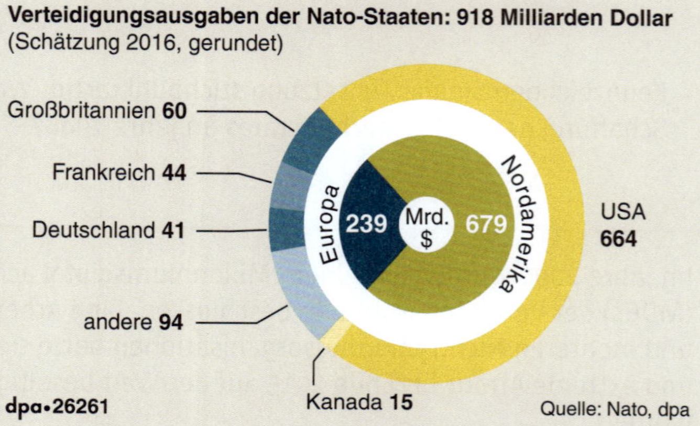

**2** Erklären Sie die Statistik [M2] unter Berücksichtigung des Zitats unter dem Aspekt der gleichberechtigen Partnerschaft.

## Artikel 5 des Nordatlantikvertrags M3

Die Parteien vereinbaren, dass ein bewaffneter Angriff gegen eine oder mehrere von ihnen in Europa oder Nordamerika als ein Angriff gegen sie alle angesehen werden wird; sie vereinbaren daher, dass im Falle eines solchen bewaffneten Angriffs jede von ihnen in Ausübung des in Artikel 51 der Satzung der Vereinten Nationen anerkannten Rechts der individuellen oder kollektiven Selbstverteidigung der Partei oder den Parteien, die angegriffen werden, Beistand leistet, indem jede von ihnen unverzüglich für sich und im Zusammenwirken mit den anderen Parteien die Maßnahmen, einschließlich der Anwendung von Waffengewalt, trifft, die sie für erforderlich erachtet, um die Sicherheit des nordatlantischen Gebiets wiederherzustellen und zu erhalten. Von jedem bewaffneten Angriff und allen daraufhin getroffenen Gegenmaßnahmen ist unverzüglich dem Sicherheitsrat Mitteilung zu machen. Die Maßnahmen sind einzustellen, sobald der Sicherheitsrat diejenigen Schritte unternommen hat, die notwendig sind, um den internationalen Frieden und die internationale Sicherheit wiederherzustellen und zu erhalten.

(aus: Der Nordatlantikvertrag. www.nato.diplo.de)

**3** Erläutern Sie, inwieweit Artikel 5 des Nordatlantikvertrags für die Sicherheitspolitik im 21. Jahrhundert noch zeitgemäß ist.

### 3.3.3 Die Nichtregierungsorganisationen – Die freundlichen Helfer?

Die Globalisierung hat dazu geführt das neue Akteure auf der internationalen politischen Bühne notwendig wurden. Die Nichtregierungsorganisationen (Non-Government-Organisations – NGOs) sind zwar keine Erfindung des ausgehenden 20. Jahrhunderts, jedoch haben sie durch den zunehmenden Prozess der Globalisierung in den letzten Jahren an Bedeutung gewonnen. NGOs sind transnationale Netzwerke einer immer globaleren Zivilgesellschaft mit dem Anspruch, deren Interessen zu vertreten.

#### NGO – Definition der Vereinten Nationen M1

Eine Nichtregierungsorganisation (NGO) ist eine nicht gewinnorientierte Organisation von Bürgern, die lokal, national oder international tätig sein kann. Auf ein bestimmtes Ziel hin ausgerichtet, versuchen NGOs, eine Vielzahl von Leistungen und humanitären Aufgaben wahrzunehmen, Bürgeranliegen bei Regierungen vorzubringen und die politische Landschaft zu beobachten.

NGOs stellen Analysen und Sachverstand zur Verfügung und helfen, internationale Übereinkünfte zu beobachten und umzusetzen. Manche NGOs wurden für ganz bestimmte Aufgaben gegründet, so zum Beispiel für Menschenrechte, Umwelt oder Gesundheit. Ihre Kontakte zu Einrichtungen der Vereinten Nationen hängen ganz von ihren Zielen, Standorten und Möglichkeiten ab.

(aus: Regionales Informationszentrum der Vereinten Nationen für Westeuropa. www.unric.org/de)

**1** Recherchieren Sie im Internet unter Berücksichtigung der oben genannten Definition fünf NGOs und benennen Sie deren Aufgaben und Ziele.

| NGOs | Aufgaben/Ziele |
|---|---|
| | |
| | |
| | |
| | |
| | |

## Weltweite Anzahl der NGOs

M2

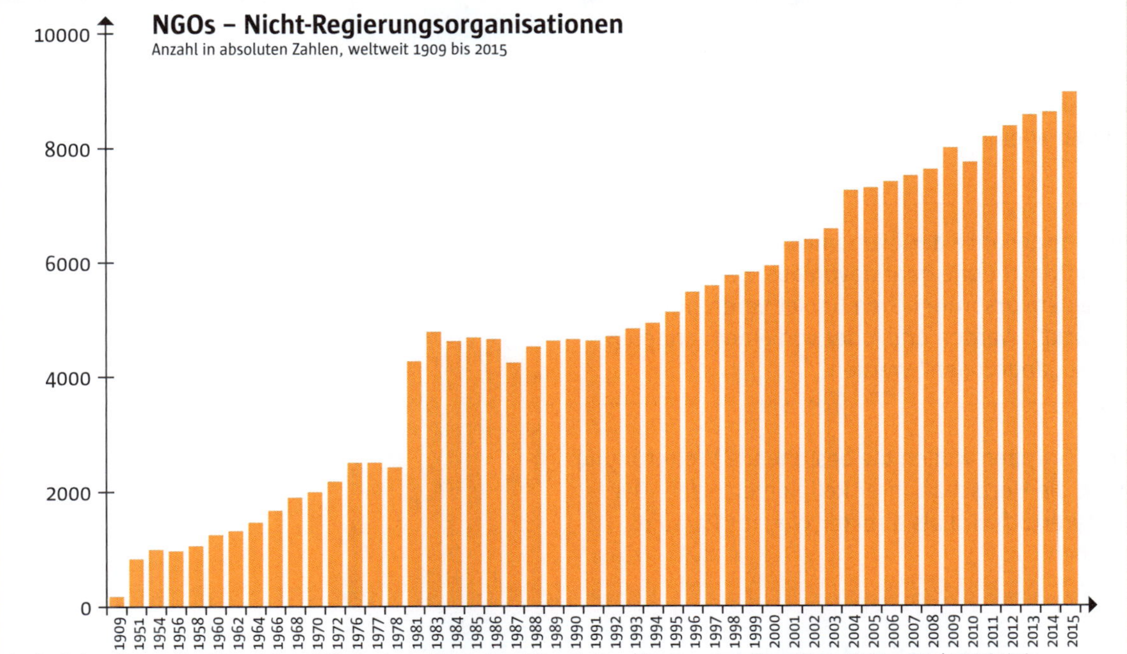


Quelle: Union of International Associations (UIA): Yearbook of International Organizations | Bundeszentrale für politische Bildung 2017 | www.bpb.de

**2** Erläutern Sie die Statistik. Betrachten Sie die Zeiträume und die Anzahl der Organisationen.

**3** Setzen Sie sich mit der Überschrift der Doppelseite auseinander. Beziehen Sie die Ergebnisse der Aufgaben mit ein.

T Zuordnungsaufgabe: Ordnen Sie jeweils einen Text der linken Spalte einem Begriff in der rechten Spalte durch Verbinden mit einer Linie zu.

| | |
|---|---|
| Globale Probleme, die die Folge der Industrialisierung sind, können nicht mehr von den Nationalstaaten alleine gelöst werden. | Terrorismus religiös-fundamentalistischer Gruppen |
| Der Kerngedanke der ökonomisch motivierten Migrationstheorie geht davon aus, dass Menschen aus einem ursprünglichen Gebiet verdrängt, „weggedrückt", werden und/oder von einem anderen Gebiet „angezogen" werden. | Die Vereinten Nationen |
| Diese Gruppen wollen die bestehende Weltordnung durch die Herrschaft ihrer Religion ersetzen. Der Märtyrertod wird als direkter Weg ins Paradies gesehen. | ethnische Konflikte |
| Seit dem Ende des Kalten Krieges haben immer mehr Völker ihre eigene Identität entdeckt und drängen auf ihre nationale Selbständigkeit – oftmals mit Waffengewalt. | Zieldimensionen der Entwicklungspolitik |
| Charakteristisch sind die Privatisierung, Autonomisierung, Asymmetrierung und Kommerzialisierung des Konfliktes. | Push- und Pull-Faktoren |
| Soziale Gerechtigkeit, wirtschaftliche Leistungsfähigkeit, ökologische Nachhaltigkeit und politische Stabilität sind die zentralen Aspekte dieser Politik. | Artikel 5 des Nordatlantikvertrags |
| Die Organisation wurde am 24. Oktober 1945 von 51 Staaten gegründet, mit dem Ziel, den Frieden durch internationale Zusammenarbeit und eine gemeinsame Sicherheitspolitik zu erhalten. Heute gehören ihr fast alle Staaten der Welt an. | neue Kriege |
| Die Parteien vereinbaren, dass ein bewaffneter Angriff gegen eine oder mehrere von ihnen in Europa oder Nordamerika als ein Angriff gegen sie alle angesehen werden wird. | nichtstaatliche Organisationen (NGO) |
| Transnationale Netzwerke mit dem Anspruch die Interessen einer immer globaleren Zivilgesellschaft zu vertreten. | ökologische Probleme |

# 4 Globalisierung

| Abschnitte | Methoden | Kompetenzen |
|---|---|---|
| **4.1 Spektrum Globalisierung** | ■ Texte analysieren<br>■ Schaubilder/Diagramme/ Grafiken auswerten | ■ Dimensionen der Globalisierung kennen |
| **4.2 Unternehmen im Wandel** | ■ Texte analysieren<br>■ Schaubilder/Diagramme/ Grafiken auswerten | ■ Chancen für Unternehmen erkennen |
| **4.3 Welthandel** | ■ Texte analysieren<br>■ Schaubilder/Diagramme/ Grafiken auswerten<br>■ Karikaturen analysieren | ■ Ausmaß des Welthandels kennen<br>■ Protektionismus und Freihandel unterscheiden |
| **4.4 Globalisierung auf dem Prüfstand** | ■ Texte analysieren<br>■ Schaubilder/Diagramme/ Grafiken auswerten | ■ Folgen für die Umwelt erkennen<br>■ Auswirkungen auf die Gesellschaft erfassen |

# 4.1 Spektrum Globalisierung

## 4.1.1 Dimensionen der Globalisierung

Dass verschiedene Völker der Welt Kenntnis voneinander erhalten und Kontakt miteinander aufnehmen, kennen wir aus der Geschichte: Im 13. Jahrhundert brach Marco Polo in den Fernen Osten auf und lernte die mongolische und chinesische Kultur kennen, die Portugiesen erforschten im 14. und 15. Jahrhundert die afrikanische Küste, richteten in Indien Handelskolonien ein und gelangten so auch nach China. Die Spanier entdeckten mit Kolumbus und Amerigo Vespucci den amerikanischen Kontinent. Stets spielte der Handel dabei eine wichtige Rolle und mit ihm erfolgte eine Begegnung der Kulturen. Innovationen bei den Kommunikations- und Transportmöglichkeiten im 19. und 20. Jahrhundert begründeten einen Prozess, den wir heute „Globalisierung" nennen und der noch nicht abgeschlossen ist. Die einen verbinden damit gewaltiges wirtschaftliches Wachstum und Annäherung der Kulturen, die anderen die Vorherrschaft wirtschaftlichen Denkens, ökologischen Raubbau und den Beginn einer weltumspannenden Einheitskultur.

### Bereiche der Globalisierung M1

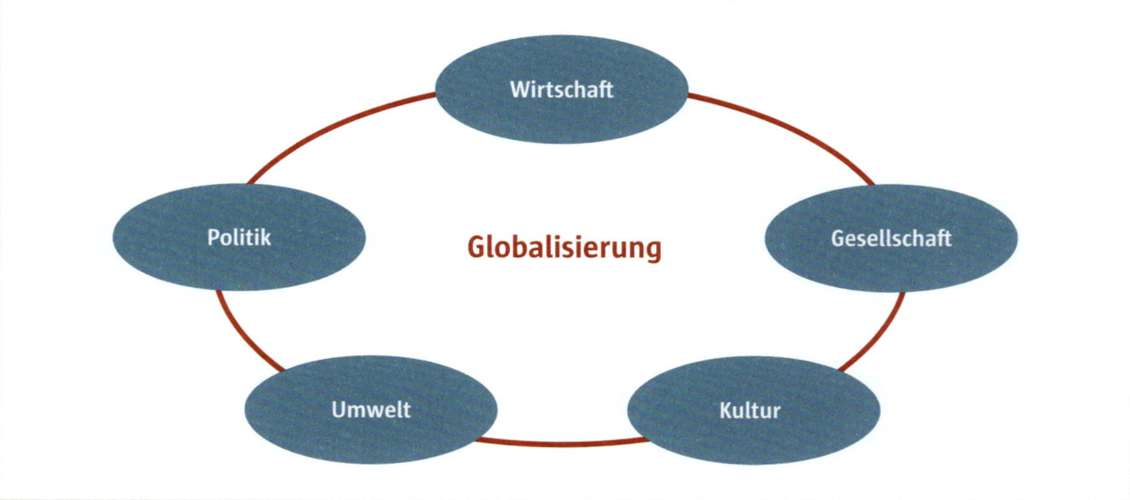


**1** Finden Sie je ein Beispiel für die unterschiedlichen Bereiche der Globalisierung.

M2

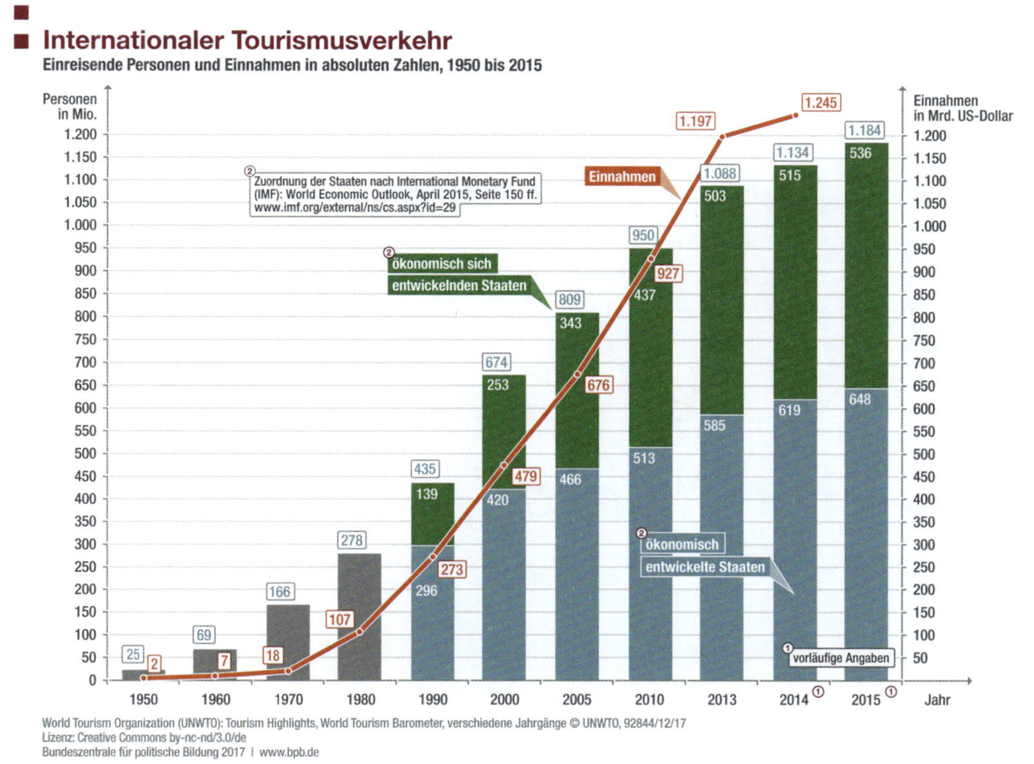


**2** Analysieren Sie [M2]. Recherchieren Sie im Internet Beispiele, welche Staaten zu den ökonomisch entwickelten und zu den ökonomisch sich entwickelnden Staaten gezählt werden (Schlüsselwörter: *ökonomisch entwickelte Staaten* bzw. *ökonomisch sich entwickelnde Staaten*). Notieren Sie Ihre Ergebnisse in Ihrem Hefter.

## Mit Fastfood unterwegs

M3

„Hamburger", wohin man in der Welt auch fährt, die Restaurants mit den typischen Logos sind auf der ganzen Welt im Straßenbild präsent. 1971 eröffnete McDonald's in den Niederlanden sein erstes Restaurant in Europa, Burger King zog 1976, zunächst in Spanien, nach. Erfunden wurde diese Art der Systemgastronomie 1940 in den USA. Ob Moskau, Shanghai, Buenos Aires oder Sydney, das Standardangebot an Burger-Menüs wird in allen Ländern vorgehalten, ergänzt durch einige landestypische Speisen. Mit einheitlichem Erscheinungsbild der Restaurants und dem Logo sollen Kunden die jeweilige Kette sofort wiedererkennen. Die Standardisierung des Angebots und damit die Vergleichbarkeit hat mittlerweile dazu geführt, dass weltweit der Big-Mac-Index ermittelt wird, mit dem die Kaufkraft verschiedener Länder verglichen werden kann. (Originalbeitrag)

**3** Erläutern Sie auf der Grundlage von [M1]–[M3] die Auswirkungen der Globalisierung. Notieren Sie dies in Ihrem Hefter.

## 4.1.2 Herausforderungen der Globalisierung – eine Karikaturenrally

1 Analysieren und interpretieren Sie die Karikaturen und benennen Sie die dargestellten Herausforderungen [M1]–[M3].

M1

M2

M3

2 Erörtern Sie die These: „Globalisierung – nur die Großen gewinnen“.

3 Bereiten Sie eine Diskussion über die folgende These vor: „Globalisierung ist noch kein abgeschlossener Prozess“. Was spricht gegen, was für die These?

# 4.2 Unternehmen im Wandel

## 4.2.1 Vom Einzelunternehmen zum multinationalen Konzern

Weltkonzerne wie Siemens, Volkswagen oder Apple entwickeln sich über Jahre und Jahrzehnte hinweg durch Produkte, nach denen Käufer verlangen, durch die Steigerung der Marktanteile oder durch Kauf von Wettbewerbern, die nicht so erfolgreich sind. Es gibt auch kleine Start-up-Unternehmen, die innerhalb weniger Jahre zum globalen Konzern aufsteigen.

### Die Geburt eines Weltkonzerns – eine „Apfel"-Geschichte M1

Apple wird am 1. April 1976 gegründet – die Geschichte des Konzerns beginnt allerdings schon einige Jahre zuvor. 1971 lernen sich der damals 15-jährige Schüler Steve Jobs und der fünf Jahre ältere Student Steve Wozniak kennen. Beide können sich für Elektronik begeistern und werden enge Freunde. Wozniak, den alle nur „Woz" nennen, ist ein leidenschaftlicher Computer-Nerd, der unter den vielen jungen Bastlern im Silicon Valley als technisches Genie herausragt. Jobs fehlt dieses Talent zwar, aber er hat – im Gegensatz zu Woz – schon in jungen Jahren eine konkrete Vorstellung davon, wie man mit Technologie die Welt verändern – und auch Geld verdienen – kann. Am 1. April 1976 gründen Steve Jobs, Steve Wozniak (...) das Unternehmen Apple. (...)

Die Rollenverteilung im verbliebenen Gründer-Duo ist klar: Steve Wozniak ist das Hardware-Talent, Steve Jobs das Marketing-Genie. In einer Garage entwickeln und produzieren die beiden Jungunternehmer die erste funktionstüchtige PC-Platine – den Apple I. Dieser wird als Bausatz zum Preis von 666,66 US-Dollar angeboten. Die fertig bestückte Platine muss vom Händler oder Besitzer zusammengesetzt werden. (...) Um der Bastler-Nische zu entkommen, braucht das junge Unternehmen vor allem eines: Kapital. Durch einen Zufall lernen Jobs und Wozniak 1977 den Wagniskapitalgeber Mike Markkula kennen. Der hat sich mit 32 Jahren bereits in den Ruhestand verabschiedet, weil er in den Anfängen der Halbleiter-Industrie zu einem Millionen-Vermögen gekommen war. Während andere Investoren Steve Jobs samt seiner visionären Geschäftsideen brüsk zurückweisen, erkennt Markkula das Potenzial sofort.

1977 stellt das Unternehmen den Apple II vor. Dieser kostet 1298 Dollar, akzeptiert einen Fernseher als Bildschirm und ist der erste, vollwertige Personal Computer. (...) Der Apple II entwickelt sich zu einem Kassenschlager, nicht zuletzt durch das Programm VisiCalc, der ersten Tabellenkalkulation für einen Mikrocomputer. 1978 setzen die Jungunternehmer bereits 7,8 Millionen Dollar um. Der Garage in Palo Alto ist das Unternehmen ebenfalls entwachsen: Das neue Firmengebäude in Cupertino, Kalifornien, wird bezogen. Zwei Jahre später eröffnet das Unternehmen eine Produktionsstätte in Irland und beginnt mit der Produktion des Apple II für den europäischen Markt. Im Jahr 1980 überspringt Apple Computer erstmals die Umsatzgrenze von 100 Millionen US-Dollar und beschäftigt über 1.000 Mitarbeiter. Am 12. Dezember 1980 wagt das Unternehmen den Gang an die Börse. Apple Computer Inc. wird mit 1,8 Milliarden US-Dollar bewertet und macht seine Gründer reich.

(Jürgen Mauerer: Die turbulente Apple-Story. www.computerwoche.de)

1 Beschreiben Sie den Weg des Apple-Konzerns zum multinationalen Unternehmen [M1]. Notieren Sie wichtige Entwicklungsstationen in Stichworten.

2 Nennen Sie die Faktoren, die diese Entwicklung begünstigten.

## Große fressen Kleine – Konzerne und Start-up-Unternehmen M2

Start-up-Firmen sind Einzelunternehmen. Sie gelten als Hoffnungsträger für innovative Produkte bei Technik und Handel. Gegründet werden sie meist von Jungunternehmern, haben wenig Mitarbeiter und ein geringes Budget, schaffen aber zukunftsweisende Produkte. Diese Fähigkeit unterscheidet sie in manchen Fällen von Konzernen, deren innerbetriebliche Organisation zu schwerfällig ist, um neue Ideen in kurzer Zeit in marktfähige Produkte zu verwandeln. Deswegen schielen Konzerne gerne auf diese kleinen Firmen. Mit ihren finanziellen Möglichkeiten sind Konzerne leicht in der Lage, Start-ups aufzukaufen und einen möglichen späteren Wettbewerber am Markt auszuschalten. Jungunternehmer stehen dann vor der Wahl: Entweder sich in einen Konzern zu integrieren und mit mehr finanziellen Mitteln das eigene Produkt am Markt zu pushen, oder weiter selbstständig den Markterfolg zu suchen, stets in der Gefahr, eines Tages doch noch aufgekauft zu werden oder pleite zu gehen. Aber meist fressen doch die Großen die Kleinen.

(Originalbeitrag)

3 Fassen Sie den Text thesenartig zusammen und beurteilen Sie daraufhin die folgende Aussage: „Start-up-Firmen sind Ideenschmieden für große Konzerne, riskant aber für die Selbstständigkeit innovationsfreudiger Jungunternehmer.“ Beziehen Sie auch [M1] und die Ergebnisse von Aufgabe 2 mit ein. Notieren Sie in Ihrem Hefter.

## 4.2.2 Familiär und doch global – Mittelständische Unternehmen

Unter dem Begriff „Mittelstand“ werden kleine und mittlere Unternehmen zwischen 10 und 500 Beschäftigten gezählt. Dazu gehören Handwerksbetriebe und Produktionsbetriebe in den Bereichen Konsumgüter und auch Verbrauchsgüter wie z. B. Industrie, Medizintechnik, Chemie usw. 60 % der sozialpflichtigen Arbeitsverhältnisse und 9 von 10 Ausbildungsverhältnissen werden in diesen Unternehmen geschlossen. 35 % des Umsatzes aller deutschen Unternehmen entfallen auf diese Betriebe. Somit wird der Mittelstand häufig als Stütze der deutschen Wirtschaft bezeichnet.

### Schreibgeräte aus der Prignitz in die Welt — M1

Bei dem Namen Cleopatra fällt einem nicht direkt die Prignitz [Landschaft in Brandenburg] ein. Eher das alte Ägypten. Zwischen Bad Wilsnack und Alexandria liegen knapp 3.000 Kilometer und über 2.000 Jahre. Auch sonst findet man zwischen der Elbaue und dem afrikanischen Wüstenstaat auf den ersten Blick nicht viele Gemeinsamkeiten. Der Name Cleopatra allerdings verbindet die Prignitz mit dem alten Ägypten. Unmittelbar nach dem 2. Weltkrieg begannen die Gründer der Manufaktur in einer Hinterhofgarage mit der Fertigung von Schreibgeräten. Mit einfachen Mitteln, aber viel Geschick und handwerklichem Wissen wurde gebaut, ähnlich wie es die alten Ägypter taten. So wurde die erste Kollektion von Schreibgeräten „Cleopatra“ genannt.

Das Unternehmen wurde 1956 verstaatlicht und war fest in die sozialistische Planwirtschaft eingebunden. Nach der Wende standen die 55 Mitarbeiter zunächst vor dem Aus, jedoch durch die Erschließung neuer Märkte und durch die Entwicklung neuer Produktionsverfahren, so der Veredlung der Füllhalterfedern konnte sich das Unternehmen weiterentwickeln und heute am internationalen Markt behaupten. (...) Das Unternehmen fertigt ausschließlich in Deutschland in Bad Wilsnack und sichert dadurch (...) Qualität „Made in Germany“ Die Cleo Schreibgeräte GmbH ist auch seit Jahrzehnten (...) Zulieferer für namhafte Firmen der Schreibgeräte-, Schmuck- und Uhrenindustrie. (...)

Der Name „ Cleo“ ist inzwischen nicht mehr nur in Deutschland ein Begriff, sondern wird in Japan, Russland, Mittel- und Osteuropa, den USA und in Kanada mit Werten wie Bodenständigkeit, Tradition und Qualität „Made in Germany“ verbunden. Cleo ist eines der letzten Unternehmen, die (...) komplett in Deutschland fertigen. Ein Familienunternehmen mit Geschichte und eine Manufaktur mit Zukunft.

(aus: Manufaktur Cleo Skribent. www.cleo-skribent.de)

**1** Beschreiben Sie die Entwicklung des Unternehmens Cleo und kennzeichnen Sie die Bedeutung der Globalisierung für das Unternehmen.

M2

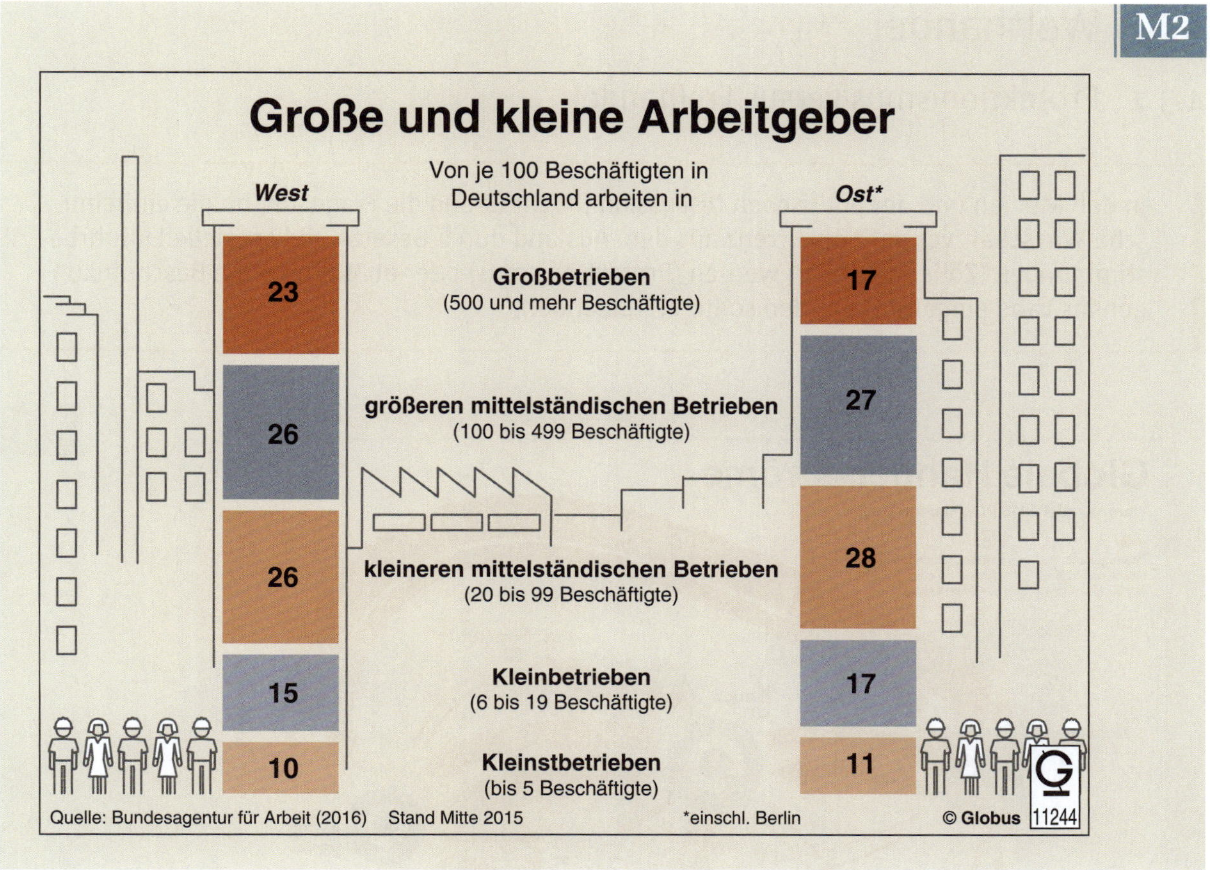


**2** Erläutern Sie die Grafik. Betrachten Sie dabei besonders die Verteilung der Beschäftigten für die Betriebssparten und für West- und Ostdeutschland. Überprüfen Sie die Aussagen des Einleitungstextes. Benennen Sie Unterschiede zwischen West und Ost. Notieren Sie in Ihrem Hefter.

**3** Erläutern Sie die Vorteile von klein- und mittelständische Unternehmen gegenüber Großkonzernen am Markt.

## INFOBOX

Die **EBIT-Marge** spiegelt das Verhältnis des betrieblichen Ergebnisses zum Umsatz wider. Sie ist eine spezielle Form der Umsatzrentabilität, die jedoch ausschließlich den operativen Gewinn – und nicht den gesamten Jahresüberschuss (nach Steuern) – ins Verhältnis zum Umsatz setzt und somit Finanzierungs- und Steuereffekte sowie außerordentliche Erträge und Aufwendungen außer Betracht lässt. Dadurch lassen sich Unternehmen besser vergleichen bzw. operative Verbesserungen im Unternehmen messen.

# 4.3 Welthandel

## 4.3.1 Protektionismus versus Freihandel

In den Medien und der politischen Diskussion taucht häufig die Frage auf, ob die einheimische Wirtschaft vor der Konkurrenz aus dem Ausland durch Gesetze und spezielle Einfuhrbestimmungen (Zölle) geschützt werden (Protektionismus) oder ob Waren ohne Beschränkungen ins Land eingeführt werden sollten (Freihandel).

M1

**1** Beschreiben Sie die globalen Handelsströme. Notieren Sie in Ihrem Hefter.

## INFOBOX

**Freihandel:** Unter Freihandel versteht man den internationalen Güteraustausch ohne Beschränkungen. Jeder kann ungehindert exportieren und auch importieren. Damit kann sich derjenige am Markt durchsetzen, der am günstigsten produzieren kann. Die inländischen Anbieter müssen sich damit auch ungeschützt dem internationalen Wettbewerb stellen. Der Konsument kann entsprechend frei am Markt wählen.
**Protektionismus:** Unter Protektionismus versteht man eine Politik der Einführbeschränkungen und Exportförderung. Zum Schutz der inländischen Unternehmen vor ausländischer Konkurrenz werden Handelshemmnisse erlassen. Gleichzeitig werden Exporte subventioniert und können somit am internationalen Markt günstiger angeboten werden.

**2** Erarbeiten Sie Vor- und Nachteile von Protektionismus und Freihandel für den heimischen Produzenten, Konsumenten, die Arbeitnehmer und die Forschungs- und Entwicklungsneigung der Unternehmen anhand der Tabelle.

| | Vorteile des Protektionismus | Nachteile des Protektionismus | Vorteile des Freihandels | Nachteile des Freihandels |
|---|---|---|---|---|
| Für die Konsumenten | | | | |
| Für die Produzenten | | | | |
| Für die Arbeitnehmer | | | | |
| Für die Forschung und Entwicklung | | | | |

## Festung Europa M2

**3** Erarbeiten Sie ausgehend von der Karikatur eine Pro- und Kontra-Diskussion zum Thema „Weltweiter Freihandel – der Bessere soll gewinnen“. Notieren Sie ihre Argumente stichwortartig.

## 4.3.2 Schattenseiten der Globalisierung

Der Globalisierungsprozess lässt sich auch an der Entwicklung des Welthandelsvolumens ablesen. So wächst der Warenexport stetig, allein im Jahr 2015 wurden weltweit Waren im Wert von 16,55 Billionen US-Dollar gehandelt. Damit liegt der Anteil des Warenexports bei ¼ am gesamten Weltbruttoinlandsprodukt. Diese Entwicklung bedeutet aber auch das Wachstum des internationalen Warentransports.

M1

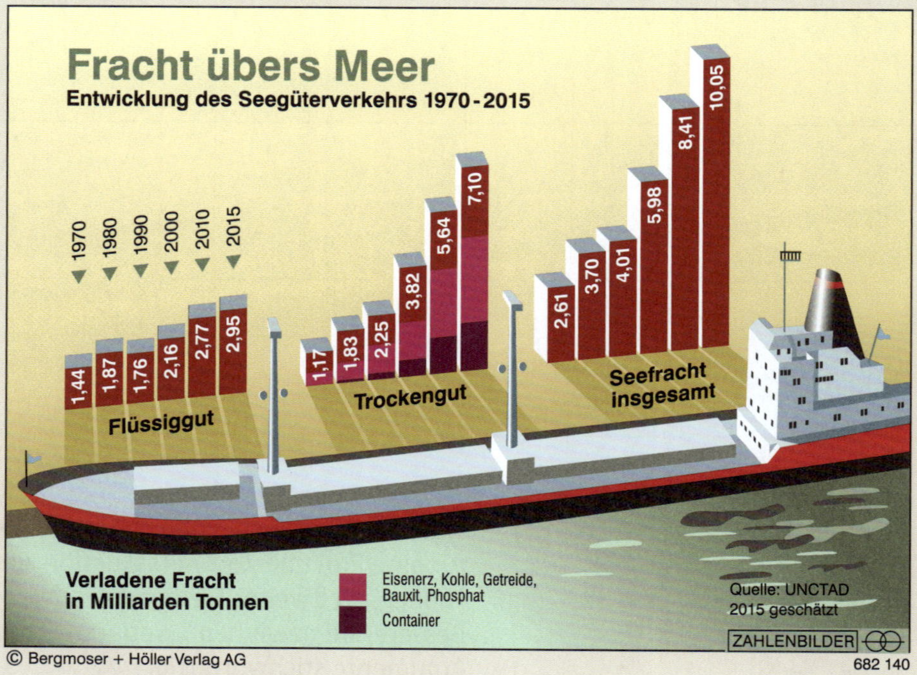




1 Werten Sie die Abbildung aus und erläutern Sie die Notwendigkeit dieser Entwicklung für den wachsenden Welthandel.

## Verschrottung am Strand von Alang (Indien) M2

Europäische Reedereien verkaufen ihre ausrangierten Ozeanriesen zum Abwracken nach Indien. Im größten Schiffsfriedhof in Alang zerlegen billige Arbeitskräfte dann die Wracks – ein gefährlicher Job für Mensch und Umwelt. Alang im Nordwesten Indiens. Ein ehemaliges Fischerörtchen am Arabischen Meer. Aber kleine Kutter fahren hier nicht mehr aus. Am Strand, wohin das Auge reicht, Containerschiffe, Supertanker, Stückgutfrachter, Kreuzfahrtschiffe. In Alang werden sie abgewrackt und ausgeweidet. Der Stahl ist kostbar, vor allem in Indien mit seinem massiven Wirtschaftswachstum. Die Schiffsmotoren lassen sich gut verkaufen, und die technischen Geräte sowieso. Alles wird recycelt. Alang gilt aber auch als einer der härtesten Arbeitsplätze der Welt. Die meisten Männer hämmern, schleppen und schweißen ohne Schutzbrille, ohne Helm und sogar ohne Schuhe. Sie tragen Schlappen.

M3

Verschrottung in Alang (Indien)

**2** Kennzeichnen Sie die negativen Folgen des wachsenden Welthandels und der Globalisierung.

## „Manche sterben direkt am Schiff" M4

Man kann sich hier beim Schweißen schwere Verbrennungen zuziehen. Oder man wird von einem herabfallenden Stück Eisen getroffen. Manche sterben direkt am Schiff. Manche schaffen es noch ins Krankenhaus. Wir haben auch viel mit den Abfällen eines Schiffs zu tun. Öl, Chemikalien, verseuchtes Wasser. Die Arbeit ist heftig. Es schmerzt. Wir können uns jederzeit schneiden. Wenn wir mit Gasflaschen hantieren, kann es jederzeit zu Verletzten oder Toten kommen.

(aus Jürgen Werbermann: Indiens gefährlicher Schiffsfriedhof. http://www.deutschlandradiokultur.de)

**3** Diskutieren Sie verschiedene Ansätze, um diese Entwicklung zu beeinflussen. Notieren Sie Stichworte.

### 4.3.3 Auf dem Weg zur Einheitskultur – Verlust an Vielfalt oder der Weg zum Erfolg?

Multinationale Konzerne, wie z. B. eine schwedische Möbelfirma, vertreiben ihre Produkte weltweit. Auch werden Fernsehserien und Quizshows synchronisiert in anderen Ländern ausgestrahlt. Es internationalisieren sich nicht nur diese Kulturbereiche Wohnen und Unterhaltung. Auch die Bereiche Ernährung, Kleidung und Reisen sind davon betroffen. Wird bei diesem Prozess von der Dominanz des westlichen Lebensstils gesprochen, wird in der öffentlichen Diskussion auch auf die Entwicklung einer Einheitskultur hingewiesen.

#### Mokobas Leben M1

Geboren wurde Mokoba in Namibia, ihre Eltern waren Landarbeiter. Sie besucht die örtliche Schule, sie spricht neben ihrer Muttersprache Bantu auch Englisch. Durch Fleiß und Engagement erreicht sie ihr Abitur. Sie bewirbt sich für ein Stipendium und studiert in Durban, nach Abschluss ihres Studiums mit dem Bachelor of Commerce in Human Resource Management erhält sie die Chance in den USA den Masterabschluss zu erreichen. Heute ist Mokoba 35 Jahre alt und lebt wieder in Namibia. Sie leitet die Abteilung für Personalentwicklung in einem internationalen Unternehmen, sie ist mit einem Franzosen verheiratet und hat eine Tochter. Ihre Tochter spricht Englisch und Französisch. Auf die Frage, warum sie mit ihrer Tochter nicht Bantu spricht, antwortet Mokoba „das ist nicht die Sprache des Erfolgs".

(Originalbeitrag)

1 Beschreiben Sie die Bedeutung der eigenen Sprache für Mokoba. Notieren Sie in Ihrem Hefter.

2 Welche Bedeutung hat Ihre Muttersprache für Sie selbst?

#### „Wer wird Millionär" M2

Seit fast 20 Jahren fiebern mehrmals pro Woche die RTL-Zuschauer mit den Kandidaten mit, wer gewinnt die Million. Mehr als 20 500 Kandidaten in über 1300 Sendungen machten das Fernsehquiz zum Quotenrenner. Das Quiz wurde 1998 erstmals in Großbritannien ausgestrahlt, mittlerweile hat ein niederländisches Unternehmen die Rechte an der Sendung erworben und in über 100 Ländern haben Fernsehanstalten oder Produzenten die Lizenzrechte erworben. Die Sendung ist überall identisch. Kandidaten haben die gleichen Joker, das Studio ist ein Halbrund, sogar die Musikeinspielungen und Kameraschwenks sind exakt gleich festgelegt. In Albanien lautet die Frage: „Kush do te behet Millioner?", in Indien „Kaun Banega Crorepati?" und in Vietnam „Ai Là Trieu Phu?".

(Originalbeitrag)

## Möbelhaus in Casablanca M3

## Möbelhaus in Magdeburg M4

## Möbelhaus in Chongquing M5

**3** „Auf dem Weg zur Einheitskultur?“ Bereiten Sie einen Diskussionsbeitrag vor.

**4** Erstellen Sie ein Szenario zur „Weltkultur 2100“. Notieren Sie Stichworte zur Entwicklung mit Worst Case und Best Case.

Worst Case:

Best Case:

# 4.4 Globalisierung auf dem Prüfstand

## 4.4.1 Lichtblicke der Globalisierung

Weltweite Zusammenarbeit im Globalisierungsprozess ermöglicht gemeinsames staatliches Handeln. Das eröffnet Chancen z. B. in den Bereichen Energie, Klimaschutz und Gesundheitspolitik.

### Erneuerbare Energien international fördern M1

Globale Herausforderungen lassen sich nur gemeinsam lösen: Energiesicherheit, Umwelt- und Klimaschutz und Armutsbekämpfung lassen sich nicht im Alleingang erreichen. Erneuerbare Energien spielen hierbei eine Schlüsselrolle. Die International Renewable Energy Agency (IRENA) fördert den Ausbau regenerativer Energien weltweit. Mit derzeit 150 Mitgliedern ist die maßgeblich von Deutschland mit ins Leben gerufene IRENA ein großer Erfolg. (...)

Solarbetriebener Funkmast in Ägypten (---)

Am 26. Januar 2009 wurde der Gründungsvertrag für die IRENA in Bonn von 75 Staaten unterzeichnet. Einen Tag nach der Gründungskonferenz fand das erste Treffen der Mitgliedsstaaten statt. (...) Heute wird IRENA von 169 Staaten unterstützt, 149 Staaten und die EU sind Mitglieder und haben den Vertrag ratifiziert, davon 27 EU-Mitgliedsstaaten, USA, China, Golfstaaten sowie die Mehrzahl der Entwicklungsländer. Weitere 27 Staaten befinden sich im formalen Beitrittsprozess (Stand: 20.01.2017).

(aus: Auswärtiges Amt: IRENA – Erneuerbare Energien international fördern. www.auswaertiges-amt.de)

### Dialog für mehr Klimaschutz M2

Windrad im Rostocker Überseehafen

Verhandlungspositionen für die internationalen Klimaverhandlungen werden auf nationaler Ebene festgelegt. Dabei spielt nicht nur die jeweilige nationale Regierung eine Rolle, sondern in vielen Staaten beteiligen sich Wissenschaftler, Unternehmensvertreter, Medien und die Zivilgesellschaft aktiv am klimapolitischen Dialog ihres Heimatlandes. Auch wird dabei festgelegt, was ein Staat auf dem eigenen Territorium für den Klimaschutz tun und lassen will.

Vom 7. bis 18. November 2016 haben sich Delegierte aus mehr als 190 Staaten in Marrakesch getroffen, um über die Umsetzung des Pariser Klimavertrags zu beraten. Der gilt als großer diplomatischer Erfolg: Erstmals hatten sich Industrie-, Schwellen- und Entwicklungsländer auf ein Abkommen geeinigt, das alle betrifft. →

Das Pariser Abkommen von 2015 war kurz vor dem Gipfel in Marrakesch in Kraft getreten. 111 von 193 beteiligten Parteien haben den Vertrag bereits ratifiziert. Zwar ist man von dem Ziel, die Erderwärmung auf höchstens zwei Grad zu begrenzen, weit entfernt. Dennoch gab es auf dem Gipfel Erfolge.

(aus: Auswärtiges Amt: Klimakonferenz. UN-Gipfel in Marrakesch)

## Globale Gesundheitspolitik M3

Ebola hat einmal mehr gezeigt, dass Pandemien grenzübergreifend sind und weltweite Auswirkungen haben. Gesundheitskrisen bzw. schwache Gesundheitssysteme können Gesellschaften zerstören und Länder destabilisieren, und Handelsbeziehungen sowie Beziehungen zwischen Staaten erheblich beeinträchtigen und schädigen. (...)

Globale Gesundheit und ihre Sicherung müssen über den reinen Gesundheitsbereich hinaus als Teil der globalen Ordnung gesehen werden. D.h., auch, globale Gesundheit muss sektorübergreifend gedacht und organisiert werden. (...)

Die Funktion des Koordinators für die außenpolitische Dimension globaler Gesundheitspolitik wurde im Sommer 2015 neu geschaffen. Der Koordinator soll vor dem Hintergrund der Erfahrungen der Ebola-Krise Zusammenschau und Koordinierung der verschiedenen außenpolitischen Aspekte der globalen Gesundheitspolitik sicherstellen – sowohl innerhalb des Auswärtigen Amtes als auch nach außen. Gleichzeitig dient der Koordinator als Ansprechpartner des Auswärtigen Amtes für alle übergreifenden Gesundheitsfragen. Ein wichtiges Ziel seiner Tätigkeit ist die bessere Vernetzung der verschiedenen Akteure im Bereich der internationalen Gesundheitsstrukturen.

(aus: Auswärtiges Amt: Globale Gesundheitspolitik. www.auswaertiges-amt.de)

1 Nennen Sie Akteure der globalen Zusammenarbeit und ihre Ideen.

2 Finden Sie weitere Aufgabenfelder und Akteure für eine globale Zusammenarbeit und formulieren Sie ihre Ziele.

## 4.4.2 Pro und Kontra Globalisierung

Bei Globalisierung wird stets auch von Gewinnern und Verlierern gesprochen. Die zahlreichen Perspektiven und Dimensionen der weltweiten Veränderung müssen immer wieder neu bewertet werden. Globalisierungsbefürworter und -gegner stehen sich oftmals mit verhärteten Fronten gegenüber.

### Nachteile der Globalisierung — M1

Zu diesen Kritikpunkten zählt ganz klar der verschärfte Wettbewerb. Auf einem größeren Markt, gibt es schließlich auch mehr Konkurrenz. (...) Dazu tragen die Firmen aus anderen Ländern bei, in denen das Lohnniveau weiter unten angesiedelt ist. Sobald diese Firmen auf den heimischen Markt vordringen, werden die Preise gedrückt. Um da mithalten zu können, müssen Einsparungen vorgenommen werden (...) Unter den Globalisierungsgegnern macht sich deshalb das Hauptargument breit, dass ausschließlich die Großkonzerne durch den Welthandel profitieren können. (...) Aufgrund der Kapitalmacht, können diese Unternehmen in die einzelnen Entwicklungs- und Schwellenländer vordrängen, um dort die einheimischen Strukturen zu zerstören. Dabei werden Klein- und Familienbetriebe verdrängt und somit auf Dauer in den Ruin getrieben. (...)

Ein weiterer Nachteil der Globalisierung ist der Verlust von Identitäten. Dazu tragen die weltweit agierenden Firmen bei, welche mit Filialketten für ein uniformiertes Erscheinungsbild sorgen. Mit den immer gleich aussehenden Niederlassungen, Stores und Filialen, wird den Menschen nicht nur ein erstrebenswerter Lifestyle vorgelebt, sondern auch eine Art Zwang zum Markenbewusstsein gefördert. Da dieser anzustrebende Konsum jedoch nicht personalisiert ausgeübt werden kann, führt dieser zwangsläufig zu einem Identitätsverlust.

Mittels Globalisierung, scheint die Welt immer mehr zu einem Dorf zu werden. Dank Internet und Telefon, ist die weltweite Kommunikation, vor allem über große Distanzen absolut kein Problem. Auch das Reisen in fremde Kulturen und ferne Länder, stellt mittlerweile keine Herausforderung mehr dar. (...) Die daraus resultierende Annahme, Globalisierung würde auch Gleichheit bedeuten, trifft jedoch nicht zu. Die Globalisierungsgegner kritisieren an dieser Stelle den Zugang zum Internet oder Fernsehen, welcher ungerecht verteilt ist und somit auch eine Form von Bildung, die vor allem den Entwicklungsländern verwehrt bleibt.

(aus: www.globalisierung-fakten.de)

### Vorteile der Globalisierung — M2

Die Globalisierung bietet die Möglichkeit, internationalen Handel zu betreiben. Durch die Arbeitsteilung kann die gesamte Wirtschaftsleistung und der Wohlstand gemehrt werden. Länder und Regionen haben jetzt bessere Möglichkeiten, ihre Produkte abzusetzen und die Entwicklung der Wirtschaft zu fördern. Dies mehrt den gesellschaftlichen Wohlstand. Es gibt natürlich ganz konkrete Vorteile: Man kann in Deutschland das ganze Jahr frisches Obst essen, billige Waren aus China kaufen, es gibt Kaffee und Tee. Ohne Globalisierung wären diese Produkte nicht zu kaufen oder sehr viel teurer. Man kann fast die ganze Welt bereisen und überall auf der Welt miteinander kommunizieren.

(aus: http://www.globalisierung-infos.de)

## Vorteile für Schwellenländer M3

Zu den bisherigen Gewinnern im Globalisierungsprozess gehören vor allem die Schwellenländer in Asien und Lateinamerika, die ihre vormals durch Importsubstitution abgeschotteten Volkswirtschaften öffneten. Mit ihrer Strategie des export-led-growth, d. h. eines Wachstums qua Produktion wettbewerbsfähiger Güter für den Weltmarkt, zogen diese Staaten bedeutende Vorteile aus ihrer globalen Orientierung. Ihre Erfolge im Bereich des Exportwachstums, der Armutsbekämpfung, der Lebenserwartung, des Bildungs- und Gesundheitswesens und der Infrastrukturentwicklung, um nur einige wichtige Beispiele zu nennen, sind beeindruckend. Langsam bildet sich auch ein politisch selbstbewusster Mittelstand heraus, so dass die Globalisierungsgewinne nicht nur in den Händen einiger weniger verbleiben. Fortgeschrittene Schwellenländer erreichen inzwischen das Einkommensniveau von Industrieländern. Südkorea, mit dem die Entwicklungszusammenarbeit schon vor Jahren beendet werden konnte, ist ebenso wie Mexiko Mitglied im Club der OECD-Industrieländer.

(aus: www.bpb.de)

**1** Stellen Sie die Argumente der Globalisierungsgegner und -befürworter gegenüber [M1], [M2].

| Pro Globalisierung | Kontra Globalisierung |
|---|---|
| | |
| | |
| | |
| | |
| | |
| | |
| | |
| | |
| | |

**2** Bereiten Sie eine Pro-und-Kontra-Diskussion vor. Beziehen Sie dabei auch die Ergebnisse aus den Aufgaben aller vorangegangenen Doppelseiten dieses Kapitels mit ein. Notieren Sie erste Stichworte.

T Finden Sie 15 Begriffe zum Thema „Globalisierung“

| | | | | | | | | | |
|---|---|---|---|---|---|---|---|---|---|
| D | N | A | T | I | O | N | E | N | S |
| F | S | D | D | C | Z | S | Y | A | M |
| D | F | D | V | Z | C | K | U | B | U |
| F | R | E | I | H | A | N | D | E | L |
| P | S | S | Q | D | N | V | Y | D | T |
| I | X | X | S | P | G | D | E | Q | I |
| U | K | X | F | R | R | I | V | W | N |
| Z | O | S | U | O | E | M | U | E | A |
| T | N | K | I | T | W | E | M | R | T |
| R | Z | O | L | E | S | N | O | V | I |
| E | E | G | J | K | C | S | J | X | O |
| W | R | V | Z | T | G | I | R | A | N |
| W | N | S | G | I | J | O | C | G | A |
| D | A | F | M | O | F | N | S | J | L |
| V | A | B | I | N | C | E | P | U | Z |
| C | E | C | T | I | A | N | R | R | T |
| W | I | R | T | S | C | H | A | F | T |
| A | N | L | E | M | O | Z | C | F | B |
| S | H | K | L | U | T | E | H | I | G |
| D | E | H | S | S | T | I | E | W | W |
| F | I | G | T | S | O | D | S | X | V |
| G | T | F | A | O | Z | O | L | L | N |
| H | S | D | N | J | L | T | R | E | W |
| J | K | X | D | J | K | U | G | F | R |
| K | U | X | I | N | K | M | R | T | Q |
| K | L | W | E | L | T | W | E | I | T |
| M | T | C | W | A | W | E | N | R | T |
| B | U | S | A | S | A | L | Z | E | R |
| V | R | E | E | X | Y | T | E | D | E |
| C | S | D | D | W | C | U | N | W | W |
| X | D | G | L | O | B | A | L | S | A |
| C | W | S | T | E | A | T | E | A | W |

# 5 Wirtschaft

| Abschnitte | Methoden | Kompetenzen |
|---|---|---|
| **5.1 Grundlagen der Volkswirtschaft** | ▪ Texte analysieren,<br>▪ Schaubilder/Diagramme/ Grafiken auswerten | ▪ verschiedene Wirtschaftsordnungen beschreiben<br>▪ unterschiedliche Wirtschaftstheorien vergleichen |
| **5.2 Markt und Konjunktur** | ▪ Texte analysieren<br>▪ Schaubilder/Diagramme/ Grafiken auswerten<br>▪ Karikaturen analysieren<br>▪ Stellungnahmen abgeben | ▪ Elemente des magischen Vier- und Sechseckes kennen<br>▪ Entwicklung von Arbeitslosenquote und Inflationsrate beschreiben<br>▪ wirtschaftliche Schwankungen erkennen und mögliche Ursachen erläutern<br>▪ Bruttoinlandsprodukt definieren<br>▪ Phänomen der Inflation und seine Ursachen beschreiben<br>▪ den Mechanismus der Preisbildung am Markt verstehen |
| **5.3. Rechte der Arbeitnehmer** | ▪ Texte analysieren<br>▪ Schaubilder/Diagramme/ Grafiken auswerten<br>▪ Karikaturen analysieren<br>▪ Stellungnahmen abgeben<br>▪ Recherchen durchführen | ▪ Bedeutung der Tarifautonomie kennen<br>▪ Ablauf von Tarifverhandlungen beschreiben<br>▪ Interessenkonflikt zwischen Arbeitgeber- und Arbeitnehmerseite erläutern<br>▪ Rechte des Betriebsrates kennen<br>▪ Notwendigkeit der Arbeitnehmerschutzrechte erkennen |

# 5.1 Grundlagen der Volkswirtschaft

## 5.1.1 Wirtschaftsordnungen im Vergleich

Die Wirtschaftsordnung legt fest nach welchen Regeln die am Wirtschaftsprozess Beteiligten, also Produzenten, Konsumenten und der Staat aktiv werden können. Dabei wird festgelegt, wer über die Produktion, Preise und Investitionen entscheidet. Die verschiedenen Wirtschafsordnungen unterscheiden sich vorrangig anhand der Aufgaben, die der Staat übernimmt.

### Planwirtschaft (P) M1

Die Planwirtschaft ist eine Wirtschaftsordnung, in der alle Wirtschaftsprozesse eines Landes von einer zentralen Instanz, in der Regel dem Staat, gesteuert und überwacht werden. Zur Steuerung und Kontrolle werden langfristige und mittelfristige Vorgaben, z.B. 10- und 5-Jahres-Pläne erarbeitet. Hier werden Produktionsmenge und Verkaufspreis festgeschrieben. Auch die Löhne werden durch die staatliche Führung festgelegt. Der Gewinn als Anreiz des wirtschaftlichen Handels entfällt. In der Regel verfügt der Staat als zentrale Instanz der Wirtschaft über die Produktionsmittel. Das Privateigentum ist entweder gar nicht vorhanden oder aber in der Nutzung stark eingeschränkt.

### Freie Marktwirtschaft (F) M2

Die freie Marktwirtschaft ist eine Wirtschaftsordnung, die auf den Ideen und Zielen des klassischen Liberalismus fußt. Jeder Einzelne soll volle Selbstverantwortung und wirtschaftliche Entscheidungs- und Handlungsfreiheit besitzen. Allgemeine Sicherheit zu gewährleisten und Eigentum der Bürger zu sichern, sind dabei die Aufgaben des Staates. Er stellt die Versorgung mit Zahlungsmitteln sicher und gewährleistet ein Rechtssystem. Ansonsten hält sich der Staat bei der wirtschaftlichen Einflussnahme zurück und überlässt die Steuerung der Wirtschaft alleine den Marktmechanismen, d.h. dem Gesetz von Angebot und Nachfrage. Freier Wettbewerb, freie Preisbildung, Gewerbefreiheit, Konsumfreiheit und Privateigentum an Produktionsmitteln sind u.a. Merkmale der freien Marktwirtschaft.

### Die Soziale Marktwirtschaft nach Ludwig Erhard (S) M3

Der Grundgedanke der sozialen Marktwirtschaft ist ein Wirtschaftsprozess, d.h. die Produktion, Güter- und Einkommensverteilung, der nicht durch staatliche Eingriffe gelenkt wird. Jedoch setzt der Staat einen wirtschaftspolitischen Ordnungsrahmen durch den die Funktion freier Preise und eines freien Leistungswettbewerbs selbständig gesteuert wird. Durch die wirtschaftliche Freiheit wird ein Maximum an Produktivität und Wohlstandsmehrung erzielt, verbunden mit sozialer Sicherheit und Schutz.

**1** Benennen Sie stichpunktartig die Aufgaben des Staates in der jeweiligen Wirtschaftsordnung ([M1]–[M3]).

**2** Ordnen Sie die nachfolgenden Aussagen den jeweiligen Wirtschaftsvorstellungen zu. Nutzen Sie die Kürzel P, F oder S.

1. Die staatliche Planungsbehörde teilt den Betrieben die Aufträge zu. ______
2. Eine staatliche Behörde greift bei unlauterem Wettbewerb ein. ______
3. Die Betriebe entscheiden, ob und wen sie einstellen und welchen Lohn sie anbieten. ______
4. Der bzw. die Minister/in kündigt eine Preissenkung für Brot an. ______
5. Die Geschäfte können 24 Stunden öffnen. ______
6. Der Gewinn ist Maßstab für die unternehmerischen Entscheidungen. ______
7. Ein Kündigungsschutz bewahrt die Arbeitnehmer vor ungerechtfertigten Entlassungen. ______
8. Die Versorgung der Bevölkerung ist das oberste Ziel des wirtschaftlichen Handelns. ______

M4

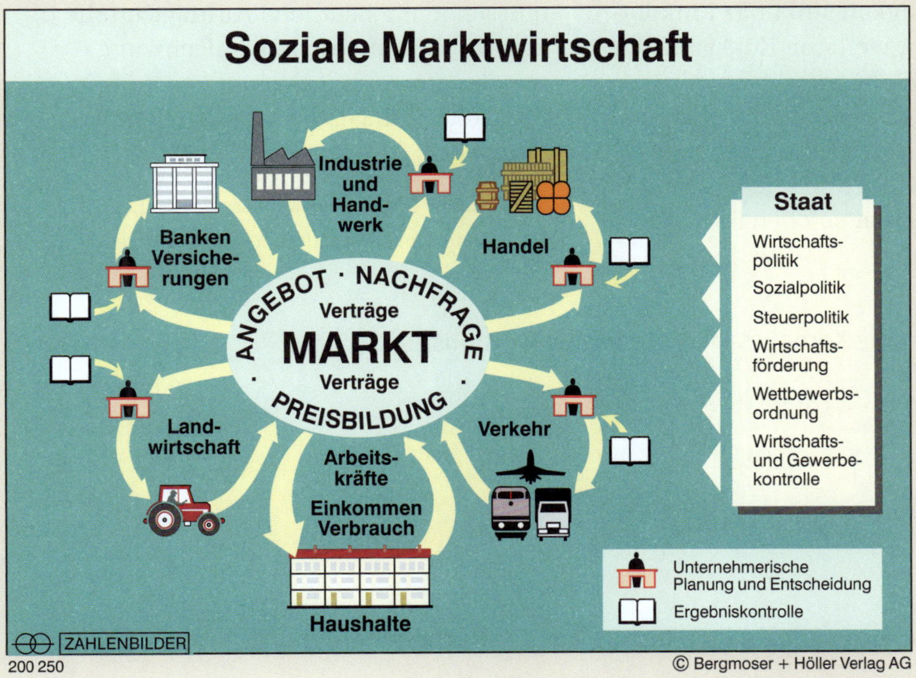


**3** Erläutern Sie ausgehend von der Abbildung die Gestaltungsmöglichkeiten, die sich für den Einzelnen in der sozialen Marktwirtschaft ergeben und grenzen Sie diese von den Gestaltungsmöglichkeiten in den anderen Wirtschafsordnungen ab. Notieren Sie in Ihrem Hefter.

## 5.1.2 Wirtschaftstheorien – Keynes und Friedman

Kann die Wirtschaft gelenkt werden? Oder sind wir den Entwicklungen ausgeliefert? Dazu gibt es verschiedene Theorien. Die beiden grundlegenden Theorien, wie auf die Wirtschaft Einfluss genommen werden sollte, sind die nachfrageorientierte Wirtschaftstheorie, auch Keynesianismus genannt, und die angebotsorientierte Wirtschaftstheorie.

### Keynesianismus (1930) M1

Die Wirtschaftstheorie des Keynesianismus wurde vom britischen Ökonomen John Maynard Keynes (1883–1946) begründet. (…) Nach Keynes' Ansicht, kommt es auch in Marktwirtschaften zu Arbeitslosigkeit, welche die Marktteilnehmer nicht selbstständig, beispielsweise durch Lohnsenkungen, beheben können. Hauptgrund hierfür ist (…) eine zu geringe Nachfrage. (…) So beschäftigen Unternehmen nur die Zahl an Arbeitskräften, welche für die Herstellung der gefragten Gütermengen benötigt werden. Geht die Nachfrage zurück, wird weniger hergestellt und damit verbunden werden Arbeitnehmer entlassen. Aufgrund zunehmender Arbeitslosigkeit sinkt das Einkommen, was zu einem weiteren Rückgang der Nachfrage und noch höherer Arbeitslosigkeit führt. Um das Ziel der Vollbeschäftigung zu erreichen muss die Nachfrage gesteigert werden. (…) Nach der Ansicht von Keynes ist in einer solchen Situation der Staat für eine Steigerung der Nachfrage verantwortlich. Dies funktioniert beispielsweise über öffentliche Aufträge zum Bau von Straßen, Schienenwegen oder öffentlichen Gebäuden. Indirekt kann das Investitionsinteresse auch durch Steuervergünstigungen erhöht werden. Das schafft neue Arbeitsplätze und Einkommen bei den privaten Haushalten, die wiederum mehr Konsumgüter nachfragen, was wieder Investitionen der Unternehmen bewirkt und weitere Arbeitsplätze schafft. Wie stark der Staat in das Wirtschaftsleben eingreift, hängt nach dem Keynesianismus von der konjunkturellen Lage ab. Bei einem Abschwung, müssen mehr staatliche Aufträge erteilt werden. Kommt es zum Aufschwung werden die Aufträge gebremst und mit Steuererhöhungen bestehende Schulden abgebaut.

(aus: Manuel Mondio Dreamworx online Ltd.: www.deutschefxbroker.de/wirtschaftstheorien)

**1** Formulieren Sie die Kernaussagen des Keynesianismus.

**2** Legen Sie dar, welche Effekte laut Keynes von der Nachfrageerhöhung ausgehen sollten.

## Monetarismus: Die Theorie von der Steuerung der Geldmenge

### Angebotsorientierte Wirtschaftspolitik und Monetarismus (Friedman) M2

Hierbei handelt es sich um ein wirtschaftspolitisches Konzept, mit dem die Wachstumsschwäche und Massenarbeitslosigkeit hoch entwickelter Marktwirtschaften durch verbesserte Produktionsbedingungen und erhöhte Anpassungsfähigkeit des privatwirtschaftlichen Sektors bekämpft und überwunden werden sollen. Wirtschaftliches Wachstum und die Schaffung von Arbeitsplätzen sollen über die Verbesserung der Bedingungen auf der Angebotsseite erreicht werden. Die Angebotspolitik spiegelt die Abkehr vom nachfrageorientierten Konzept des Keynesianismus hin zum Monetarismus wider. Angebotspolitik ist auf die Produktion, d. h. auf die Unternehmen, gerichtet. Höhere Gewinne sollen dabei die finanziellen Voraussetzungen für Investitionen der Unternehmen verbessern. Höhere Investitionen verbessern die Produktionsbedingungen sowie die internationale Wettbewerbsfähigkeit und bewirken eine Steigerung der Beschäftigung, was zu mehr Einkommen bei den privaten Haushalten führt. Maßnahmen der Angebotspolitik sind deshalb auf die Förderung der Investitionstätigkeit ausgerichtet, über die das Wirtschaftswachstum verstärkt werden soll, um so die Schaffung von Arbeitsplätzen zu erreichen. (...) Weitere wichtige Programmpunkte sind: eine sich am Wachstum des Produktionspotenzials orientierende, inflationsvermeidende Geldpolitik; (...)

*Monetarismus ist eine Form der angebotsorientierten Wirtschaftspolitik und geht auf den amerikanischen Volkswirtschaftler Milton Friedman (*1912, †2006) zurück.* Danach soll die Geldmenge durch die Zentralbanken so gesteuert werden, dass sie möglichst ohne Schwankungen mit dem Wachstum der volkswirtschaftlichen Produktion (reales Sozialprodukt) ausgeweitet wird. Ausschläge der Konjunktur sollen damit verhindert und eine stetige Wirtschaftsentwicklung gesichert werden.

(aus: Duden Wirtschaft von A bis Z: Grundlagenwissen für Schule und Studium, Beruf und Alltag. 5. Aufl. Mannheim: Bibliographisches Institut 2013. Lizenzausgabe Bonn: Bundeszentrale für politische Bildung 2013.)

**3** Vergleichen Sie die Vorstellungen Friedmans mit denen von Keynes hinsichtlich Zielen, Ansatzpunkten und Maßnahmen.

| Keynes | | Friedman |
|---|---|---|
| Kurzfristige Beseitigung von Gleichgewichtsstörungen | Ziele | |
| | Ansatzpunkte | |
| | Maßnahmen | Deregulierung<br>Abbau von Subventionen<br>Senkung von Staatskonsum |

# 5.2 Markt und Konjunktur

## 5.2.1 Magisches Viereck und Sechseck

Der Staat hat die Aufgabe, zum Wohl der Bevölkerung in die Wirtschaft einzugreifen. Hier wird entwickelt, welche konkreten Ziele mit staatlichen Eingriffen verfolgt werden sollen.

### Das magische Viereck

**M1**

Seit 1966 sind die wirtschaftspolitischen Ziele im Gesetz zur Förderung der Stabilität und des Wachstums der Wirtschaft (Stabilitätsgesetz (StabG)) festgeschrieben. Darin heißt es, dass die Maßnahmen so zu treffen sind, dass sie im Rahmen der marktwirtschaftlichen Ordnung gleichzeitig zur Stabilität des Preisniveaus, zu einem hohen Beschäftigungsstand und außenwirtschaftlichem Gleichgewicht bei stetigem und angemessenem Wirtschaftswachstum beitragen. Diese Ziele können jedoch nicht gleichzeitig erreicht werden, es bestehen Konflikte, sodass sich wirtschaftspolitische Maßnahmen zur Erreichung eines Ziels dem Erreichen eines anderen Ziels entgegenstehen, z. B. bestehen Konflikte zwischen den Zielen Preisstabilität und hoher Beschäftigungsgrad. So werden z. B. Zinserhöhungen als Maßnahme zur Stabilisierung des Preisniveaus die Investitionstätigkeit drosseln, was wiederum negativ für die Erreichung eines hohen Beschäftigungsgrades ist. Diese vier Ziele werden deshalb als „magisches Viereck" bezeichnet, weil sie nicht alle gleichzeitig verwirklicht werden können. Andere Ziele hingegen ergänzen sich, wie die Schaffung eines hohen Beschäftigungsstandes und das stetige Wirtschaftswachstum. Maßnahmen zur Erhöhung der Beschäftigung wirken einkommenserhöhend für die Haushalte, diese konsumieren mehr und erhöhen somit die Nachfrage und die Produktion und damit wächst die Wirtschaft.

1994 wurde der Umweltschutz als Staatsziel festgeschrieben, damit erfuhr auch das StabG § 1 eine Erweiterung. Weiterhin wurde als sechstes Ziel der wirtschaftspolitischen Aktivität des Staates auch die Schaffung einer gerechten Einkommens- und Vermögensverteilung ergänzt. Auch hier bestehen zum Teil Zielkonflikte. Maßnahmen zum Schutz der Umwelt können sich negativ auf das Wirtschaftswachstum auswirken.

**1** Tragen Sie die wirtschaftspolitischen Ziele in das Schaubild ein.

**2** Erläutern Sie das Verhältnis einzelner Ziele zueinander. Notieren Sie dies in Ihrem Hefter.

## Arbeitslosenquote in Prozent in Deutschland M2

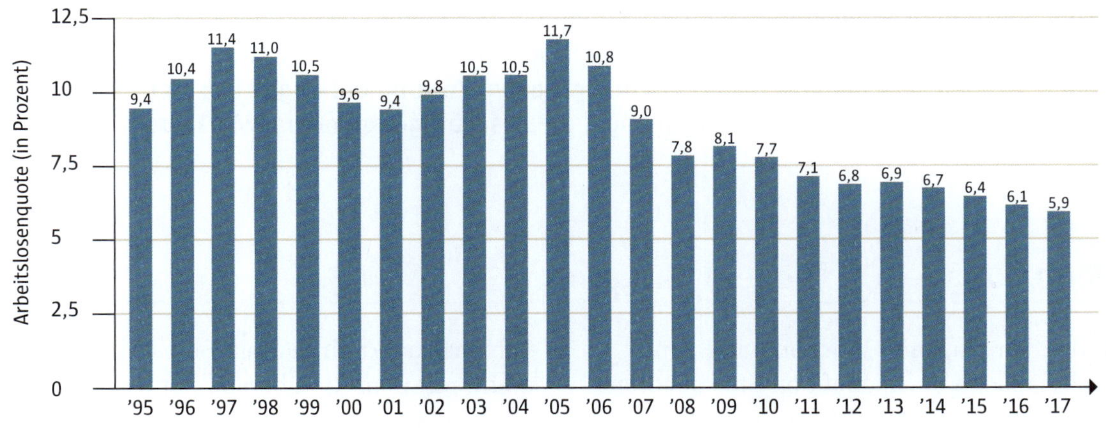


(Statista 2017)

## Verbraucherpreise in Deutschland M3

**Inflationsrate in Deutschland von 1992 bis 2016 (Veränderung des Verbraucherpreisindex gegenüber Vorjahr)**

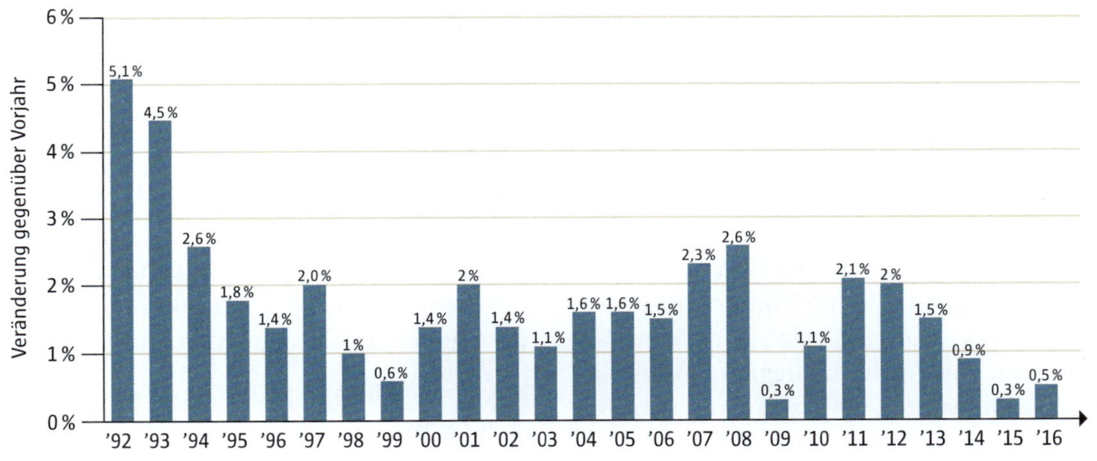


(Statista 2017)

**3** Werten Sie die Statistiken aus und verknüpfen Sie ihre Ergebisse mit den Aussagen zum magischen Viereck.

## 5.2.2 Das Auf und Ab der Wirtschaft

Die wirtschaftliche Entwicklung verändert sich ständig und wird als Konjunktur bezeichnet. Konjunktur wird abgeleitet vom lat. Coniungere (= verbinden) und ist der zentrale Begriff der Volkswirtschaft. Die Konjunktur gibt Auskunft über die wirtschaftliche Lage eines Landes, dabei werden verschiedene ökonomische Größen im Zusammenhang betrachtet (= verbunden). Dazu gehören die Produktionsmenge, die Beschäftigung und der Marktpreis.

### Venezuela – 700 Prozent Inflation

M1

In den vergangenen Wochen hatte der sozialistische Staatschef den Staatsbediensteten eine Zwei-Tage-Woche verordnet, freitags zum schulfreien Tag erklärt, und tägliche Stromabschaltungen in der Provinz eingeführt. (...) Um ihren Kühlschrank zu füllen, haben die Venezolaner zwei Alternativen. Entweder Schlange stehen, falls doch mal eine Lebensmittellieferung eingetroffen sein sollte, oder aber teuer auf dem Schwarzmarkt einkaufen. Selbst das Fertigmehl, mit dem die überaus populären Maisfladen zubereitet werden, ist inzwischen Mangelware. „Der staatlich regulierte Preis liegt bei 19 Bolivares Fuertes, auf der Straße muss ich dafür bis zu 1.500 Bolivares Fuertes hinlegen“, sagt Pérez.

(aus: Thomas Wagner: 700 Prozent Inflation. www.zeit.de)

### Wirtschaftsaufschwung: Auch die Regierung wird optimistisch

M2

Das Bundesfinanzministerium rechnet damit, dass sich der Aufschwung der deutschen Wirtschaft stabilisiert: Das Wachstum habe im zweiten Quartal an Breite gewonnen.(...) Die Konjunkturindikatoren signalisieren für das dritte Vierteljahr einen günstigen Einstieg, die Industrieproduktion werde weiter von einer deutlich verbesserten Auftragslage profitieren und die Einkommensperspektiven der Bürger hätten sich deutlich verbessert, weil sich der Arbeitsmarkt gut entwickelt. (...) Dank der besseren Konjunktur entwickelten sich auch die Steuereinnahmen von Bund und Ländern günstiger als angenommen. (...)

(aus: Auch die Regierung wird optimistischer. www.faz.net)

**1** Benennen und beschreiben Sie mit Hilfe der Zeitungsausschnitte die jeweilige wirtschaftliche Situation.

M3

M4

2 Bereiten Sie eine Diskussion zum Thema „Welche Auslöser konjunktureller Schwankungen gibt es?“ vor.

## 5.2.3 Der Konjunkturzyklus

Noch im vorletzten Jahrhundert erklärten Wissenschaftler die wirtschaftlichen Schwankungen mit der Erscheinung von Sonnenflecken. Die Wissenschaft erkannte im Laufe der Zeit eine Regelmäßigkeit in den Schwankungen. Diese wiederkehrenden wellenförmigen Schwankungen werden Zyklus genannt. Um die allgemeine wirtschaftliche Lage eines Landes zu betrachten, können unterschiedliche ökonomische Kennzahlen genutzt werden. Die Nachfrage, die Auslastung der Produktion und die Lage am Arbeitsmarkt haben sich als bedeutende Elemente der wirtschaftlichen Lage eines Landes entwickelt, daher werden diese immer wieder herangezogen. Die Betrachtung der Wirtschaft anhand der ökonomischen Größen Produktion, Preisstabilität, Beschäftigungsniveau und Außenhandel bezeichnet man als Konjunktur.

M1

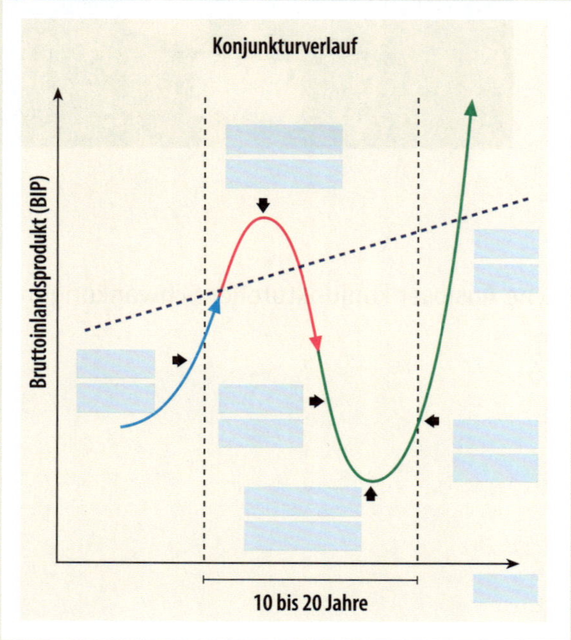


**1** Beschriften Sie die Achsen mit Wachstum und Zeit, sowie die Konjunkturkurve mit den Phasen:
Aufschwung/Expansion
Hochkonjunktur/Boom
Abschwung/Rezession
Konjunkturtief/Depression.

**2** Beschreiben Sie Konjunktur und Konjunkturzyklus.

3 Füllen Sie mithilfe der Grafik [M1] die Tabelle aus.

| Kenngröße/Phase | Depression | Aufschwung | Boom | Rezession |
|---|---|---|---|---|
| Arbeitslosigkeit | steigt | | | |
| Preise | | | steigen | |
| Produktion | | | | sinkt |
| Nachfrage | | steigt | | |
| Gewinne | | | | |

4 Je nach konjunktureller Entwicklung erweitern (↑) oder drosseln (↓) Privathaushalte und Unternehmen ihre wirtschaftlichen **Aktivitäten**. Legen Sie dar, warum dies im Einzelfall so ist.

| | Aufschwung | Rezession |
|---|---|---|
| **Haushalt** | Konsum ↑ | Konsum ↓ |
| | Sparen ↓ | Sparen ↑ |
| **Unternehmen** | Investieren ↑ | Investieren ↓ |
| | Produktion ↑ | Produktion ↓ |

## 5.2.4 Kann man Wirtschaft messen? – Das Bruttoinlandsprodukt (Modellrechnung)

Ein stetiges und angemessenes Wirtschaftswachstum ist ein Ziel des Stabilitätsgesetzes. Ob sich jedoch die wirtschaftliche Leistung einer Volkswirtschaft gegenüber einem anderen Jahr verändert hat, ist nicht so leicht zu erkennen. Das Bruttoinlandsprodukt (BIP) gibt erste Auskunft darüber, hier werden alle Güter und Dienstleistungen, die innerhalb eines Landes in einem Jahr erbracht werden summiert. Dazu misst das BIP den finanziellen Wert der Produkte. In der Grafik [M1] ist zu erkennen, dass das nominale BIP gestiegen ist. Das heißt aber nicht zwingend, dass auch mehr produziert wurde. Denn im gleichen Zeitraum sind die Preise angestiegen. Dieses nominale BIP muss um die Preissteigerung „reduziert" werden, damit die tatsächliche (reale) wirtschaftliche Leistung ermittelt werden kann.

M1

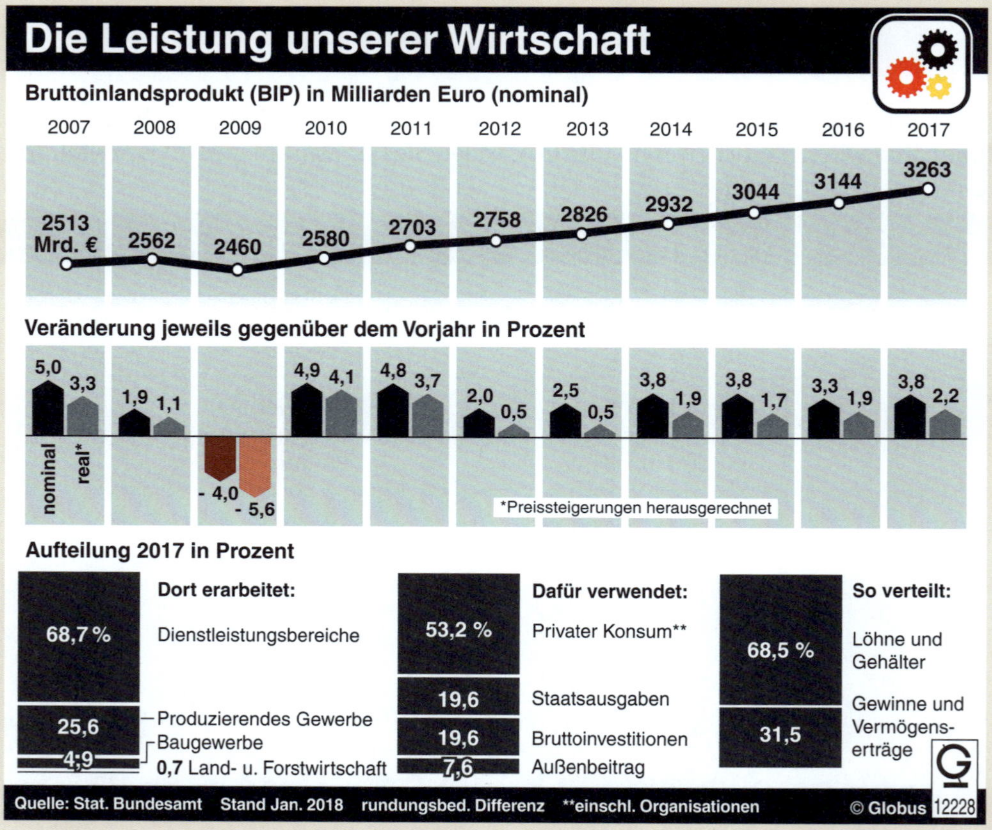


Nominales Bruttoinlandsprodukt
–
Preissteigerung in Euro
=
Reales Bruttoinlandsprodukt

**1** Definieren Sie den Begriff Bruttoinlandsprodukt.

**2** Ermitteln Sie mit Hilfe der Grafik die hauptsächliche Verwendung und die Verteilung des BIP sowie die Wirtschaftszweige, die maßgeblich zur Entstehung des BIP beitragen.

3 Berechnen Sie mithilfe der Zahlen aus der Grafik [M1] die Entwicklung des realen BIP in den Jahren 2007–2017. Übertragen Sie zuerst den nominalen BIP.

## BIP nominal in Mrd. €

| 2007 | 2008 | 2009 | 2010 | 2011 | 2012 | 2013 | 2014 | 2015 | 2016 | 2017 |
|---|---|---|---|---|---|---|---|---|---|---|
| 2513 | | | | | | | | | | |

4 Ermitteln Sie nun den realen BIP.

## BIP real in Mrd. €

| 2007 | 2008 | 2009 | 2010 | 2011 | 2012 | 2013 | 2014 | 2015 | 2016 | 2017 |
|---|---|---|---|---|---|---|---|---|---|---|
| 2482 | | | | | | | | | | |

5 Fertigen Sie einen Graphen des realen (rot) und nominalen (blau) BIPS an. Benutzen Sie dazu Ihre Ergebnisse aus den Aufgaben 3 und 4.

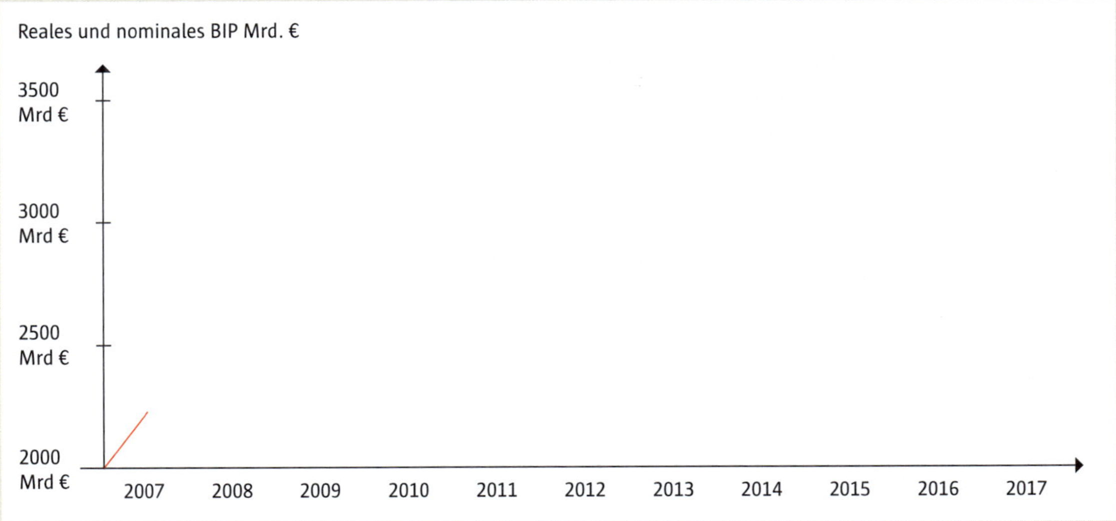

## 5.2.5 Inflation – Ist der Preis stabil?

Inflation bezeichnet eine wirtschaftliche Situation, in der ein Missverhältnis zwischen der volkswirtschaftlich vorhandenen Geldmenge und dem Angebot an Waren und Dienstleistungen herrscht. Es ist mehr Geld (Überangebot) im Umlauf als Waren und Dienstleistungen gekauft werden können (Definition).

**M1**

**Inflation**

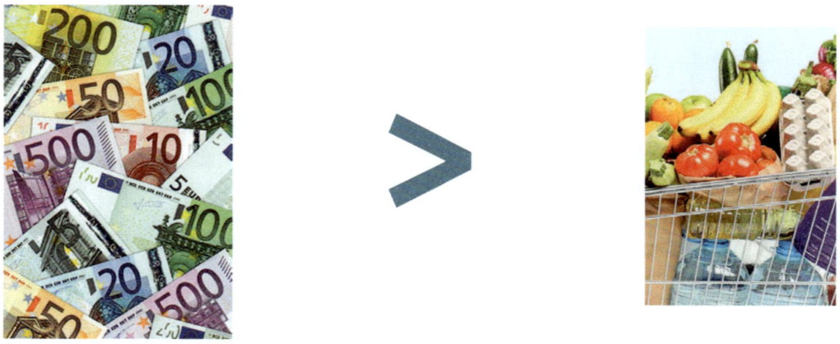

### Wer gewinnt und wer verliert bei Inflation?

**M2**

Inflation nützt Schuldnern und schadet Gläubigern. Denn mit der Geldentwertung schrumpft auch der reale Wert von Forderungen. Der größte Gewinner ist deshalb der Staat. Ist die Inflationsrate höher als der Zins, zu dem er sich Geld geliehen hat, schmelzen seine Schulden auf wunderbare Weise dahin. (...) Die größten Verlierer sind die Bürger der Mittelschicht. „Die Inflation trifft immer die breite Masse. Sie ist nicht auf die Preissteigerungen vorbereitet", sagt der Wirtschaftshistoriker Werner Abelshauser. „Die professionellen Anleger sind hingegen cleverer und haben ihr Geld frühzeitig in Sicherheit gebracht." Die Inflation schwächt die Kaufkraft und frisst das meist niedrig verzinste Ersparte auf. (...) Ökonomen sprechen von galoppierender oder Hyperinflation, wenn die Preise unkontrolliert und explosionsartig nach oben schießen und die Inflationsrate – pro Monat – über 50 Prozent liegt. Den Rekord der jüngeren Vergangenheit hält Simbabwe, das es 2008 auf eine Geldentwertung von 231 Millionen Prozent brachte. Ist so etwas auch bei uns möglich, wenn die Monetisierung von Staatsschulden allzu lange und exzessiv betrieben wird?

(aus: Anne Kunz/Bernd Losse: Steigen die Preise? – oder steigen sie nicht? www.wiwo.de/politik/europa/eurospezial/inflation-wer-profitiert-von-inflation-wer-leidet/7219056-6.html)

**1** Beschreiben Sie das Phänomen der Inflation und kennzeichnen Sie die Folgen für den Verbraucher.

## Ursachen der Inflation

M3

Die Folgen einer Inflation sind verheerend, daher ist ihre Bekämpfung ein wichtiges Staatsziel. Entscheidend ist hier zu erkennen, wieso es zur Erhöhung der Preise kam; nicht immer ist eine Geldmengenausweitung die Ursache. Je nachdem woher der Impuls zur Preiserhöhung kam, unterscheidet man eine nachfrageinduzierte und eine angebotsinduzierte Inflation,

**Nachfrageinduzierte Inflation:**

- Private Haushalte erhöhen den Konsum, da sie Preissteigerungen befürchten.
- Unternehmen investieren in neue Anlagen und stellen zusätzliche Arbeitskräfte ein, diese verfügen über mehr Einkommen und erhöhen ihren Konsum.
- Der Staat erhöht seine Transferleistungen an die Bürger.

**Angebotsinduzierte Inflation:**

- Unternehmen erhöhen die Preise, da die Kosten, z. B. für Rohstoffe oder Löhne, gestiegen sind.
- Steuererhöhungen führen zu Preissteigerungen.

**2** Erläutern Sie eine der Ursachen der Inflation näher und nennen Sie mögliche Maßnahmen zur Bekämpfung dieser Ursache.

**3** „Lieber 5 % Inflation als 2 % Deflation!“ Nehmen Sie stichwortartig Stellung zu dieser Aussage.

## 5.2.6 Preisbildung – Wer macht den Preis?

Verkäufer (Angebot) und Käufer (Nachfrage) haben am Markt gegensätzliche Ziele. Der Verkäufer versucht, so viel wie möglich zu einem möglichst hohen Preis zu verkaufen. Der Käufer versucht, so viel wie möglich zu einem möglichst niedrigen Preis zu kaufen. Bietet am Markt ein Verkäufer seine Ware, z. B. Salat zum Preis von 3,50 € pro Kopf, an und die Käufer empfinden diesen Preis als zu hoch, so wird der Verkäufer nur wenig oder gar nichts verkaufen. Der Anbieter wird also den Preis für den Salat senken, wenn er verkaufen will. Verlangt er nun aber einen sehr niedrigen Preis, z. B. 1 € pro Kopf, dann wäre die Nachfrage sehr groß – so groß, dass das Angebot nicht ausreicht. Die Käufer würden unzufrieden nach Hause gehen und der Verkäufer erkennt, dass er auch zu einem höheren Preis seine Waren hätte verkaufen können. Es setzt also ein Anpassungsprozess ein, bis genau so viel Salat gekauft wie angeboten wird. So entsteht das Marktgleichgewicht zum Gleichgewichtspreis.

**1** Definieren Sie die Begriffe Angebot, Nachfrage und Gleichgewichtspreis.

**2** Zeichnen Sie den Zusammenhang von Angebot und Nachfrage in das Koordinatensystem ein und ermitteln Sie das Marktgleichgewicht.

**M1**

| Preis in € | Angebot an Salatköpfen | Nachfrage nach Salat |
|---|---|---|
| 1,00 | 30 | 150 |
| 1,20 | 50 | 120 |
| 1,50 | 60 | 100 |
| 1,90 | 70 | 60 |
| 2,50 | 100 | 20 |
| 3,00 | 120 | 5 |
| 3,50 | 150 | 0 |

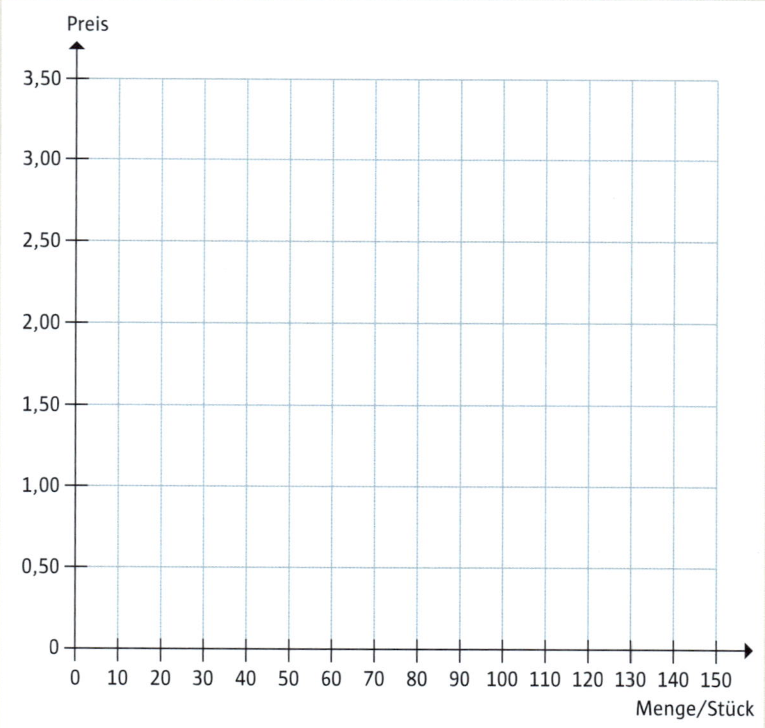

**3** Erläutern Sie, welche Auswirkungen es auf den Markt hätte, wenn die Käufer aufgrund einer allgemeinen Lohnerhöhung 20 % mehr Einkommen zur Verfügung hätten.

Nicht immer bildet sich der Preis am Markt. Denn das setzt voraus, dass es sowohl viele Anbieter wie auch Nachfrager gibt. An manchen Märkten gibt es nur wenige Anbieter, die ihre Ware anbieten. Sie stehen nicht unbedingt in einem Konkurrenzverhältnis, da es ausreichend Nachfrage gibt. Im Extremfall sehen sich die Nachfrager nur einem einzigen Anbieter gegenüber. Dieser hat dann eine marktbeherrschende Stellung, der Marktmechanismus findet nicht mehr statt.

M2

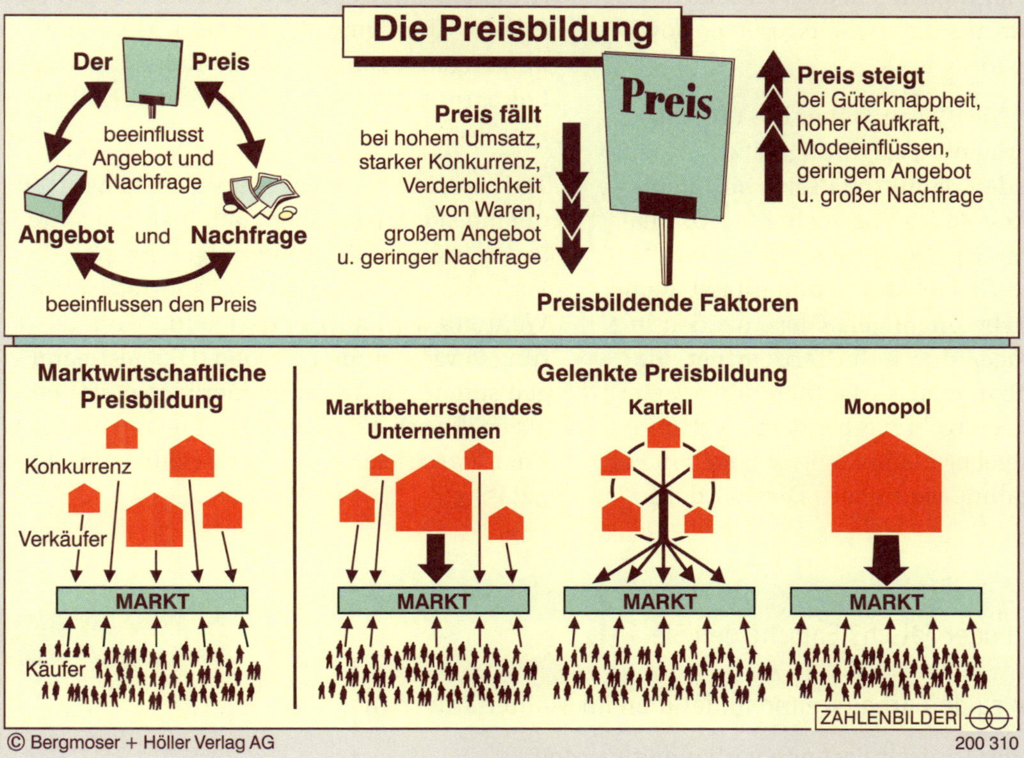


**4** Erläutern Sie die Folgen der gelenkten Preisbildung für den Nachfrager.

# 5.3 Rechte der Arbeitnehmer

## 5.3.1 Tarifvertrag und Tarifverhandlungen

Arbeitsgesetze, Tarifverträge, Betriebsvereinbarungen und Betriebsordnungen sowie der Arbeitsvertrag des Arbeitnehmers sind Elemente, die in der Arbeitswelt den Rahmen bestimmen. Arbeitsverhältnisse sind Vertragsverhältnisse zwischen dem Arbeitgeber und dem Arbeitnehmer, der seine Arbeit in den Dienst eines Betriebes stellt.

### Der Arbeitnehmer in der Arbeitswelt M1

Arbeitnehmerinnen und Arbeitnehmer, die in einem mittelständischen Betrieb oder in einem Großunternehmen beschäftigt sind, werden eingebunden in gesetzliche Bestimmungen und Verordnungen. Diese beinhalten Verpflichtungen aus dem Arbeitsvertrag und Rechte aus den Arbeitsgesetzen sowie den Tarifverträgen.

Das Wort „Tarif" war früher die übliche Bezeichnung für „Vergütungssätze". Noch heute werden damit die Preise für öffentliche Verkehrsmittel bezeichnet (z. B. Bus- und Bahntarif). Dabei bezeichnet „Tarif" Lohn- und Gehaltsstufen und erfasst auch die Arbeitsbedingungen. Diese werden in Tarifverträgen durch die Tarifpartner, die Gewerkschaften als Arbeitnehmervertreter und die Arbeitgeberverbände als Vertreter der Arbeitgeber unabhängig von staatlicher Einflussnahme vereinbart. Dies wird als Tarifautonomie bezeichnet. Je nachdem, welche Festlegungen getroffen werden, unterscheidet man Lohn- und Gehaltstarifverträge, Manteltarif- und Rahmentarifverträge. Während die Manteltarifverträge die Arbeitsbedingungen wie Arbeitszeit, Jahresurlaub, Kündigungsfristen und Akkordbedingungen regeln, legen die Rahmenverträge Lohngruppeneinteilung und deren Definition fest.

Tarifverträge haben eine festgelegte Laufzeit, die meist ein Jahr, aber auch mehrere Jahre betragen kann. Danach erfolgt eine neue Verhandlung, solang gilt der alte Tarifvertrag. Während der Laufzeit darf keine Veränderung vorgenommen werden. Die Festlegungen sollen die Arbeitnehmer besser stellen, als es die gesetzlichen Regelungen vorsehen. Eine Verschlechterung der Rechte ist nicht zulässig.

**1** Richtig oder Falsch? Entscheiden Sie. [M1]

| | Richtig/Falsch |
|---|---|
| Festlegungen zu den Arbeitszeiten findet man im Manteltarifvertrag. | ___ (S)/___ (I) |
| Nach Ablauf der Laufzeit darf neu verhandelt werden. | ___ (T)/___ (G) |
| Die Arbeitgeber werden durch die Gewerkschaften vertreten. | ___ (V)/___ (R) |
| Im Tarifvertrag vereinbarte Arbeitsbedingungen können durch die Regierung bei vorliegenden zwingenden Gründen unterschritten werden. | ___ (M)/___ (E) |
| Der Tarifvertrag kann gesetzliche Bestimmungen verändern. | ___ (I)/___ (D) |
| Die Tarifpartner regeln mithilfe des Wirtschaftsministers/der Wirtschaftsministerin die Lohngruppeneinteilung. | ___ (E)/___ (K) |

**Lösung** ___ ___ ___ ___ ___ ___

M2

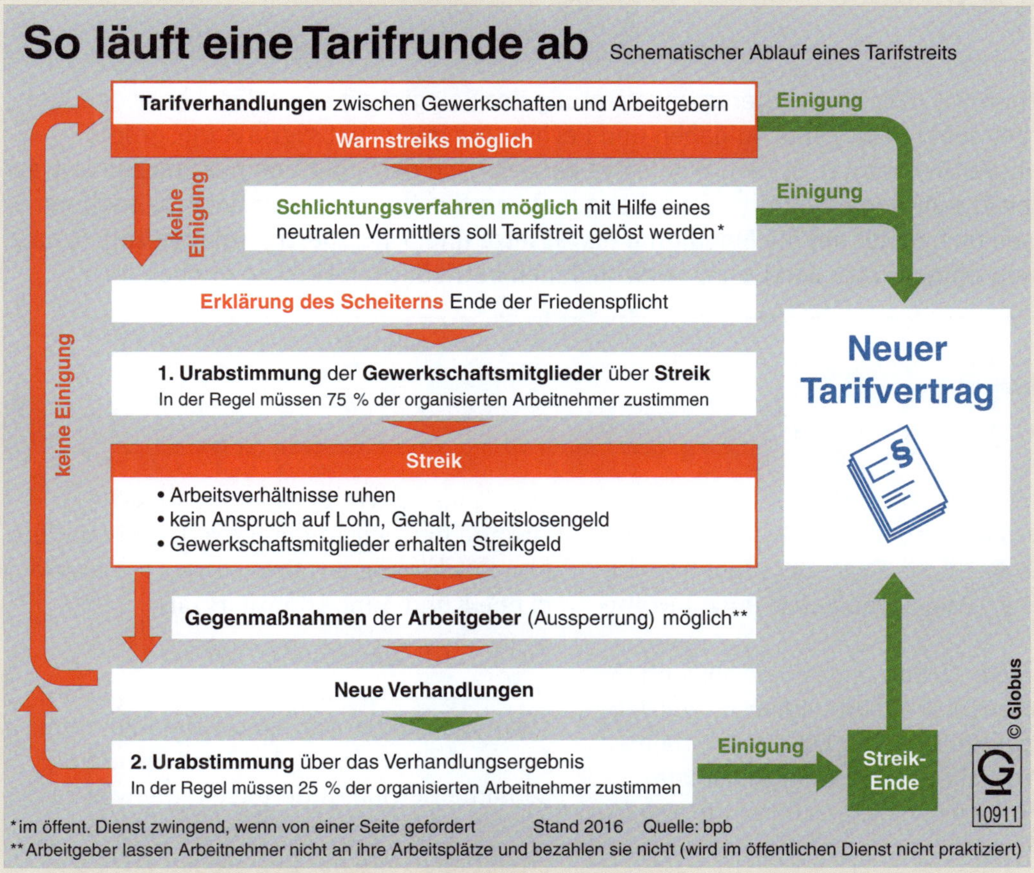


**2** Vervollständigen Sie mit Hilfe der Abbildung [M2] den Lückentext.

Nach Beendigung der Laufzeit verhandeln die ____________________ und die ____________________ über die Arbeitsbedingungen. Sollte es in dieser ersten Verhandlungsrunde zu keiner ______________ kommen, so setzt ____________________ ein. Hier soll mithilfe eines ____________________ Vermittlers eine Einigung erzielt werden. Gelingt dies nicht, so entscheiden die Gewerkschaftsmitglieder in einer ____________________ über den Streik. Während des Streiks ruhen ____________________ . Die Arbeitnehmer haben ______________________________, sondern erhalten ____________________ von der Gewerkschaft. Die Verhandlungen werden ____________________ bis ein Ergebnis erreicht wird. In einer ______________________________ entscheiden die streikenden Gewerkschaftsmitglieder über das Ergebnis. Bei einer Zustimmung von ______________________________ ist das Ergebnis angenommen und der Tarifkonflikt beendet. Sollte diese Quote nicht erreicht werden, so erfolgen weitere Verhandlungen und ____________________.

## 5.3.2 Der Betriebsrat

Der Betriebsrat (BR) ist die Interessenvertretung der Belegschaft eines Betriebs gegenüber dem Arbeitgeber (AG). Seine Aufgaben und Rechte sind im Betriebsverfassungsgesetz geregelt. Der Betriebsrat ist dem Wohle des Betriebs und der Arbeitnehmer und zur vertrauensvollen Zusammenarbeit mit dem Arbeitgeber verpflichtet. Er vertritt die Arbeitnehmerinteressen und achtet auf die Einhaltung der Gesetze und Schutzbestimmungen zum Schutz der Arbeitnehmer. Dazu wirkt er an verschiedenen betrieblichen Entscheidungen mit.

### Mitbestimmen und Mitwirken

M1

#### § 87 Mitbestimmungsrechte

(1) Der Betriebsrat hat, soweit eine gesetzliche oder tarifliche Regelung nicht besteht, in folgenden Angelegenheiten mitzubestimmen:

1. Fragen der Ordnung des Betriebs und des Verhaltens der Arbeitnehmer im Betrieb;
2. Beginn und Ende der täglichen Arbeitszeit einschließlich der Pausen sowie Verteilung der Arbeitszeit auf die einzelnen Wochentage;
3. vorübergehende Verkürzung oder Verlängerung der betriebsüblichen Arbeitszeit;
4. Zeit, Ort und Art der Auszahlung der Arbeitsentgelte;
5. Aufstellung allgemeiner Urlaubsgrundsätze und des Urlaubsplans sowie die Festsetzung der zeitlichen Lage des Urlaubs für einzelne Arbeitnehmer, wenn zwischen dem Arbeitgeber und den beteiligten Arbeitnehmern kein Einverständnis erzielt wird;
6. Einführung und Anwendung von technischen Einrichtungen, die dazu bestimmt sind, das Verhalten oder die Leistung der Arbeitnehmer zu überwachen;

#### § 102 Mitbestimmung bei Kündigungen

(1) Der Betriebsrat ist vor jeder Kündigung zu hören. Der Arbeitgeber hat ihm die Gründe für die Kündigung mitzuteilen. Eine ohne Anhörung des Betriebsrats ausgesprochene Kündigung ist unwirksam.

#### § 111 Betriebsänderungen

In Unternehmen mit in der Regel mehr als zwanzig wahlberechtigten Arbeitnehmern hat der Unternehmer den Betriebsrat über geplante Betriebsänderungen, die wesentliche Nachteile für die Belegschaft oder erhebliche Teile der Belegschaft zur Folge haben können, rechtzeitig und umfassend zu unterrichten und die geplanten Betriebsänderungen mit dem Betriebsrat zu beraten.

1. Einschränkung und Stilllegung des ganzen Betriebs oder von wesentlichen Betriebsteilen,
2. Verlegung des ganzen Betriebs oder von wesentlichen Betriebsteilen,
3. Zusammenschluss mit anderen Betrieben oder die Spaltung von Betrieben,
4. grundlegende Änderungen der Betriebsorganisation, des Betriebszwecks oder der Betriebsanlagen,
5. Einführung grundlegend neuer Arbeitsmethoden und Fertigungsverfahren.

(aus: www.gesetze-im-internet.de)

**1** Unterstreichen Sie die wichtigsten Mitbestimmungsbereiche des Betriebsrats.

**M2**

**Intensität der Betriebsrat-Beteiligung**

| Mitwirkungsrechte | | | Mitbestimmungsrechte | |
|---|---|---|---|---|
| **Information** Einseitige Verpflichtung des AG, den BR zu unterrichten | **Anhörung** Der AG hat den BR anzuhören + sich mit dessen Vorbringen auseinanderzusetzen i.S.v. gegenseitiger Information | **Beratung** AG + BR müssen sich zusammensetzen + die Angelegenheit gemeinsam erörtern | **Zustimmmungserfordernis** Der AG braucht die Zustimmung des BR, um die Maßnahme durchführen zu können; der BR kann seine Zustimmung aber nur aus bestimmten Gründen verweigern | **durchsetzbare Mitbestimmung** Der AG kann ohne die Zustimmung des BR nicht handeln;bei Uneinigkeit entscheidet die Einigungsstelle |
| § 99 I BetrVG | § 102 I BetrVG | § 111 BetrVG | § 99 I BetrVG<br>§ 99 II BetrVG | § 87 BetrVG |

**2** Erläutern Sie mithilfe [M2], was unter Mitwirkung und Mitbestimmung des Betriebsrats verstanden werden kann. Benutzen Sie M1 und schlagen Sie den § 99 BetrVG nach. Welchen Stellenwert haben dabei Personalangelegenheiten?

**3** Beurteilen Sie, ob in den nachfolgenden Fällen korrekt gehandelt wurde:

| | Richtig/Falsch |
|---|---|
| Die Geschäftsleitung informiert den Betriebsrat über geplante Investitionen des nächsten Jahres. | |
| Der Betriebsrat verweigert die Zustimmung zur Entlassung eines Mitarbeiters, er kann in eine andere Abteilung versetzt werden. | |
| Die Unternehmensleitung teilt dem Betriebsrat mit, dass der Lohn erst zum 10. des Folgemonats ausgezahlt wird. | |
| Die Unternehmensleitung erstellt ohne Beteiligung des Betriebsrats den Urlaubsplan. | |

## 5.3.3 Schutzlos am Arbeitsplatz

Der Arbeitsschutz gehört zu den zentralen Bereichen der Arbeitswelt. Durch ihre Tätigkeit sind Arbeitnehmerinnen und Arbeitnehmer oft belastet. Um die Gesundheit und Sicherheit aller Beschäftigten am Arbeitsplatz zu sichern und zu verbessern, gibt es zahlreiche Gesetze und Verordnungen. Der Arbeitgeber ist in der Regel für die Einhaltung und Umsetzung der Schutzmaßnahmen verantwortlich. Entstehen dennoch Schäden oder gesundheitliche Beeinträchtigungen, trägt die Berufsgenossenschaft die Kosten.

M1

**Hallo Verbotspolitiker, wo seid ihr?**

1 Analysieren Sie die Karikatur und nennen Sie Gründe für die Notwendigkeit von Arbeitnehmerschutzgesetzen.

## Jugendarbeitsshutz M2

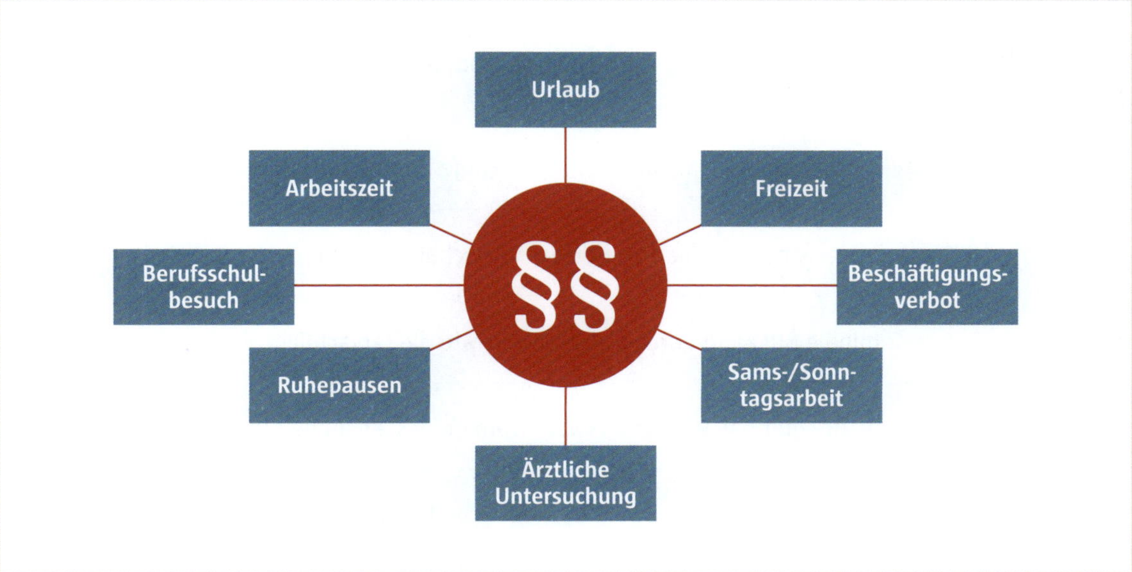


**2** Welche konkrete Regelung besteht für Jugendliche in den aufgeführten Bereichen? Recherchieren Sie im Jugendarbeitsschutzgesetz. Notieren Sie Stichworte.

Auch werdende Mütter sind in der Arbeitswelt besonders geschützt.

**3** Finden Sie die grundlegenden Schutzrechte, orientieren Sie sich an den in [M2] aufgeführten Bereichen. Notieren Sie, welche dies sind.

T Richtig oder falsch?
Kreuzen Sie die falschen Aussagen an. Korrigieren Sie die falschen Aussagen und schreiben Sie eine zutreffende Aussage auf.

| | | |
|---|---|---|
| 1. | | In der Wirtschaftsordnung werden die Regeln, nach denen die Akteure der Wirtschaft handeln, festgelegt. |
| 2. | | Die Wirtschaftspolitik hat zum Ziel, kurzfristige Produktionsstörungen zu beseitigen. |
| 3. | | Der Monetarismus ist eine Form dieser Wirtschaftsordnung. |
| 4. | | Das nominale BIP kann durch die Inflationsrate die tatsächliche Entwicklung verfälschen. |
| 5. | | Das reale BIP gibt das Wirtschaftswachstum gemessen an den Preisen an. |
| 6. | | Die Gewerkschaften sind die Vertreter der Arbeitnehmer bei Tarifverhandlungen. |
| 7. | | Die Arbeitnehmer kämpfen in Tarifverhandlungen für ein höheres BIP. |
| 8. | | Die Geltungsdauer eines Tarifvertrags beträgt in der Regel 1–3 Jahre. |
| 9. | | Die Tarifverträge werden unabhängig von staatlichen Eingriffen verhandelt und geschlossen. |
| 10. | | In der Konjunkturphase der Depression sinkt das BIP. |
| 11. | | Im magischen Viereck sind die Ziele der Wirtschaftspolitik dargestellt. |
| 12. | | Das magische Sechseck hat zusätzlich die Ziele Umweltschutz und gerechte Einkommensverteilung. |
| 13. | | Der Betriebsrat ist ein Gremium zur Unterstützung der Arbeitgeber in schwierigen Entscheidungen. |
| 14. | | Zu den Rechten des Betriebsrats gehört es, über Betriebsänderungen oder Stilllegungen durch Arbeitgeber informiert zu werden. |

# 6 Gesellschaft

| Abschnitte | Methoden | Kompetenzen |
|---|---|---|
| **6.1 Modelle der Sozialstruktur** | ■ Pro- und Kontra-Debatte führen<br>■ Diagramme/Grafiken/ Schaubilder auswerten | ■ Gesellschaftsmodelle beschreiben<br>■ den Begriff „Gesellschaftsmodell“ definieren<br>■ sich mit Lebensläufen auseinandersetzen |
| **6.2 Soziale Ungleichheit** | ■ Mindmaps erstellen<br>■ Texte analysieren<br>■ Karikaturen analysieren | ■ einen Lexikoneintrag formulieren<br>■ Erscheinungsformen der Gesellschaft beschreiben<br>■ sich mit Meinungen Anderer auseinandersetzen |
| **6.3 Aspekte des sozialen Wandels** | ■ Karikaturen analysieren<br>■ Texte analysieren<br>■ Ein Zukunftsszenario entwickeln<br>■ Bilder analysieren<br>■ Diagramme/Grafiken/ Schaubilder auswerten | ■ sich mit Gesetzestexten auseinandersetzen<br>■ veränderte Rollenbilder erläutern<br>■ ein eigenes Zukunftsbild entwickeln<br>■ Zusammenhänge des Generationenvertrages verstehen<br>■ Medienkompetenz weiterentwickeln<br>■ zu Meinungen Anderer Stellung nehmen |
| **6.4 Sozialordnung und Sozialpolitik** | ■ Texte analysieren<br>■ Karikaturen analysieren | ■ Elemente der sozialen Sicherung nennen<br>■ Zusammenhänge des gesetzlichen Versicherungssystems verstehen |
| **6.5 Informations- und Kommunikationsgesellschaft** | ■ Recherchen durchführen<br>■ Karikaturen analysieren<br>■ Stellungnahmen abgeben | ■ Bedeutung einer unabhängigen Presse beschreiben<br>■ Aufgaben der Medien darstellen<br>■ Medienkompetenz weiterentwickeln<br>■ eine eigene Meinung formulieren<br>■ das Phänomen der Mehrheitsillusion beschreiben |

# 6.1 Modelle der Sozialstruktur

## 6.1.1 Wandel der Schichtmodelle

Wir wissen aus unserer Geschichte, dass Gesellschaften gegliedert sind, dass sie eine innere Ordnung, ein „Oben“ und ein „Unten“ aufweisen, und dass dies auch für unsere Gesellschaft zutrifft. Strukturbildend sind hierbei Merkmale, die eine soziale Differenzierung hervorrufen, welche sich in sozialer Ungleichheit ausdrückt. Die Ergebnisse solcher Bewertungen sind stets subjektiv und umstritten. Welche Merkmale für eine Einteilung in unserer heutigen Gesellschaft ausschlaggebend sind, ist nicht leicht auszumachen. Wissenschaftler und auch Philosophen haben immer wieder versucht, die Schichtung der Gesellschaft modellhaft zu beschreiben und stets an den Wandel der Gesellschaft anzupassen.

### Modelle mit geschichtlichem Längsschnitt M1

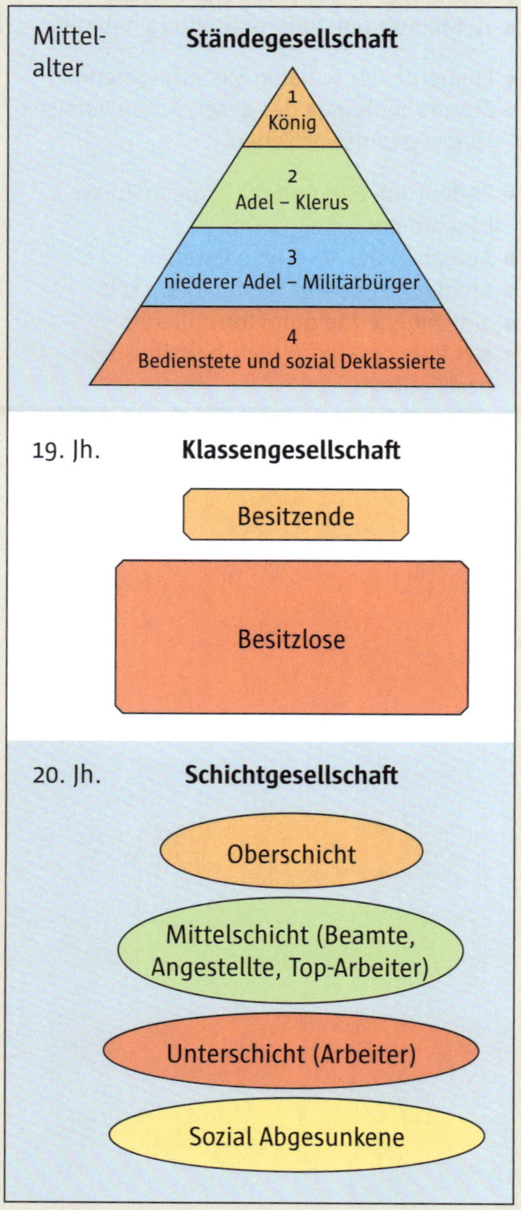


**1a** Beschreiben Sie die Modelle [M1]–[M2].

**1b** Kennzeichnen Sie die Veränderungen.

## Schichtmodelle der 1950/60er-Jahre

Die Versuche, in den 1950er- und 1960er-Jahren die komplexen realen Strukturen zu wesentlichen Grundmustern zu vereinfachen, haben zu unterschiedlichen Schicht- und Klassenmodellen und zu widersprüchlichen Vorstellungen über die Sozialstruktur geführt. Diese Modelle wurden später weiterentwickelt.

**2** Definieren Sie nun den Begriff „Gesellschaftsmodell“.

### Modell nach Ralf Dahrendorf M2

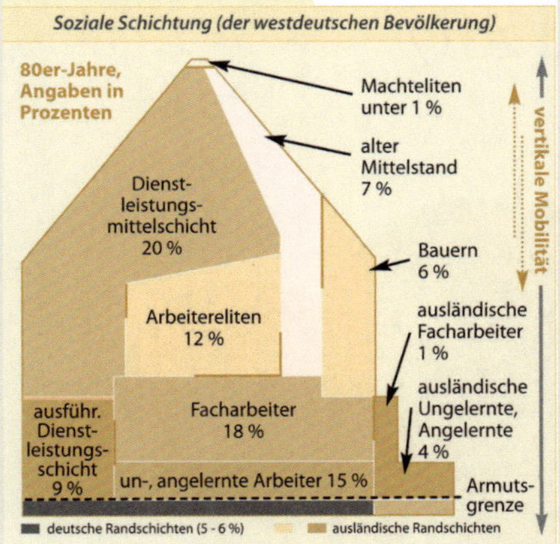


#### INFOBOX

**Ralf Gustav Dahrendorf:** (1929–2009), deutsch-britischer Sozialwissenschaftler und Professor der Soziologie, Politiker und Publizist, wichtigster Vertreter einer liberalen Gesellschafts- und Staatstheorie, hat die Entwicklung der deutschen Soziologie nach dem Zweiten Weltkrieg maßgeblich geprägt. Mitglied des Deutschen Bundestages, parlamentarischer Staatssekretär im Auswärtigen Amt, Mitglied der Europäischen Kommission und Direktor der London School of Economics and Political Science. Führt in die Soziologie das Modell des Homo sociologicus ein, daran erklärt er, wie die Gesellschaft den Einzelnen prägt, und zeigt die Grenzen dieser Prägung auf.

(Originalbeitrag)

## 6.1.2 Das Sinusmodell

Schichtmodelle berücksichtigen im Wesentlichen „vertikale“ Unterschiede zwischen oben und unten, arm und reich. Sie sind weitgehend blind für „horizontale“ Ungleichheiten zwischen Männern und Frauen, Alt und Jung, verschiedenen Generationen oder auch zwischen Regionen, Verheirateten und Ledigen, Kinderreichen und Kinderlosen. Um die Vielgestaltigkeit und Vieldimensionalität der Gesellschaftsstruktur besser zu erfassen, wurden gegen Ende der 1980er-Jahre Modelle der „sozialen Milieus“ entwickelt. Sie berücksichtigen neben den vertikalen zugleich auch horizontale Unterschiede.

**M1**

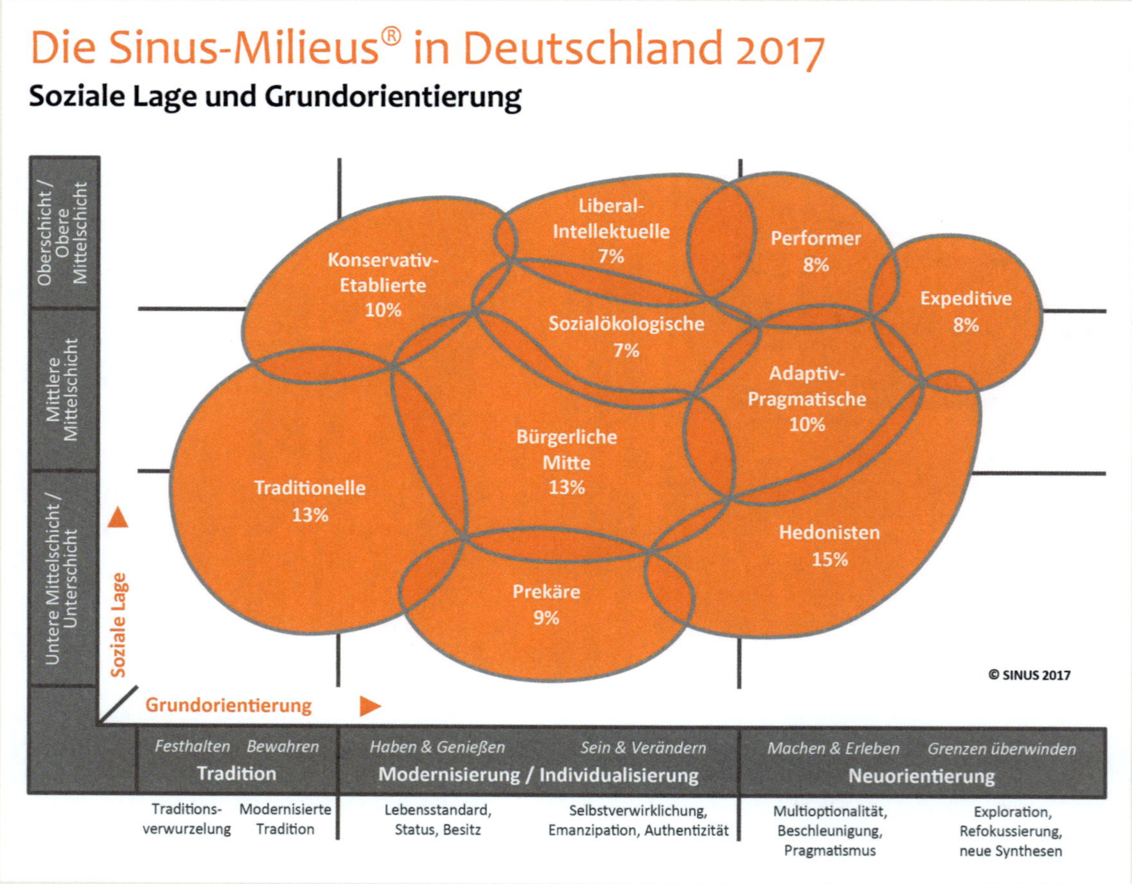


**1** Ordnen Sie den Begriffen in der Tabelle (S. 139) die richtige Erklärung zu. Notieren Sie Ihre Ergebnisse in die Übersicht hier. Benutzen Sie [M1].

| 1 | 2 | 3 | 4 | 5 | 6 | 7 | 8 | 9 | 10 |
|---|---|---|---|---|---|---|---|---|---|
| | | | | | | | | | |

| | |
|---|---|
| **1** Konservativ etabliertes Milieu | **a** Die spaß- und erlebnisorientierte moderne Unterschicht/untere Mittelschicht, für die nur das Hier und Jetzt entscheidend ist und die sich den Konventionen und Verhaltenserwartungen der Leistungsgesellschaft verweigert. |

| | |
|---|---|
| 2 Traditionelles Milieu | b Die um Orientierung und Teilhabe bemühte Unterschicht mit starken Zukunftsängsten und Ressentiments, in der soziale Benachteiligungen und geringe Aufstiegsperspektiven eine reaktive Grundhaltung schaffen. |
| 3 Prekäres Milieu | c Die Sicherheit und Ordnung liebende Kriegs-/Nachkriegsgeneration, die in der alten kleinbürgerlichen Welt und/oder der traditionellen Arbeiterkultur verhaftet ist. |
| 4 Bürgerliche Mitte | d Konsumkritisches/-bewusstes Milieu mit normativen Vorstellungen vom „richtigen Leben" und einem ausgeprägten ökologischen und sozialen Gewissen. |
| 5 Sozialökologisches Milieu | e Die moderne junge Mitte mit ausgeprägtem Lebenspragmatismus und Nutzenkalkül zeigt sich zielstrebig und kompromissbereit und weist ein starkes Bedürfnis nach Verankerung und Zugehörigkeit auf. |
| 6 Liberal-intellektuelles Milieu | f Der leistungs- und anpassungsbereite bürgerliche Mainstream bekennt sich generell zur gesellschaftlichen Ordnung und wünscht sich vor allem gesicherte und harmonische Verhältnisse. |
| 7 Milieu der Performer | g Die ambitionierte kreative Avantgarde ist mental und geografisch mobil, online und offline vernetzt sowie ständig auf der Suche nach neuen Grenzen und Lösungen. |
| 8 Adaptiv-pragmatisches Milieu | h Die effizienzorientierte Leistungselite, für die ein global-ökonomisches Denken sowie eine hohe IT- und Multimedia-Kompetenz charakteristisch sind. |
| 9 Hedonistisches Milieu | i Die aufgeklärte Bildungselite, die von einer liberalen Grundhaltung, dem Wunsch nach selbstbestimmtem Leben und vielfältigen intellektuellen Interessen geprägt wird. |
| 10 Expeditives Milieu | j Das klassische Establishment, das sich durch seine Verantwortungs- und Erfolgsethik auszeichnet und sich im Bewusstsein des eigenen Standes abgrenzt. |

(aus: Sinus und Microm 2011/ BertelsmannStiftung)

2 Erläutern Sie, welche Erkenntnisse sich aus der Sinusstudie für die Betrachtung unserer Gesellschaft ziehen lassen.

## 6.1.3 Der Einzelfall in der Sinusstudie

### Matthias Reim – Steckbrief

M1

In einer steilen Karriere als Sänger, Komponist und Songtexter erarbeitet Matthias Reim sich ein Vermögen – dann steht er mit rund dreizehn Millionen Euro Verbindlichkeiten da.

Obwohl sein Bruder als Börsenmakler erfolgreich ist, scheint Matthias Reim das besondere Gespür für Geld zu fehlen. Der Sänger beweist mit einer Sixt-Reklame Humor und ändert kurzerhand den Titel seines Erfolgssongs um in „Verdammt, ich hab nichts, ich miet bei Sixt".

Matthias Reim wird 1957 in Korbach geboren, studiert an der Universität Göttingen achtzehn Semester Germanistik und Anglistik, entscheidet sich dann aber für eine Karriere als Pop-Sänger. Sein Steckbrief als Profisänger ist kurz sowie beeindruckend: Gleich mit seiner ersten Single stürmt er die Charts: „Verdammt, ich lieb' Dich" wird weltweit 2,5 Millionen Mal verkauft und steht ohne Unterbrechung vom 18. Mai bis zum 6. September 1990 auf Platz eins der deutschen Musikcharts. Damit teilt sich der Sänger den Rekord für die längste Zeit auf diesem Platz mit der Disco-Formation Boney M. von Frank Farian. In den nächsten Jahren macht sich Matthias Reim als Komponist einen Namen. Er schreibt Songs für Bernhard Brink, Roberto Blanco, Jürgen Drews und Tina York. Mit seinen eigenen LPs kann der Sänger nicht mehr an den frühen Erfolg anknüpfen. Insgesamt produziert Matthias Reim neun Alben, darunter „Reim" und „Reim 2" bei Polydor und wechselt dann 2000 zu EMI, wo er unter anderem „Morgenrot" und „Sieben Leben" veröffentlicht. Matthias Reim wird im Laufe seiner Karriere mehrfach ausgezeichnet – unter anderem mit dem „Bravo Otto Gold" und der „Goldenen Stimmgabel". Für den Verlust seines Vermögens macht der Sänger seinen Manager Alfred Reimann verantwortlich, dem er 1990 eine Generalvollmacht über seine Geschäfte übertragen hat. Matthias Reim ist seit 2001 von der Sängerin Michelle getrennt. Er hat von fünf Frauen insgesamt sechs Kinder und hat 2004 zum dritten Mal geheiratet. Auch diese Ehe scheiterte.

(Fakten aus https://web.de/magazine/schlagwort/matthias-reim)

**1** Ordnen Sie den Steckbrief [M1] einem der Milieus der Sinusstudie zu und begründen Sie Ihre Entscheidung.

**2** Konstruieren Sie einen Lebenslauf für ein von Ihnen gewähltes Milieu aus der Sinusstudie.

**3** Bereiten Sie sich auf folgende Diskussion stichpunktartig vor: Diskutieren Sie vor dem Hintergrund des stetigen Gesellschaftswandels die Grenzen modellhafter Beschreibungen unserer Gesellschaft.

# 6.2 Soziale Ungleichheit

## 6.2.1 „Wie sieht soziale Ungleichheit aus?“

Soziale Ungleichheit ist zur zentralen Frage des politischen Wettstreits geworden. Zu kaum einem anderen Thema gehen die Meinungen momentan so weit auseinander: Der Kampf um Verteilungsfragen wird daher intensiv geführt.

1 Wenn ich an soziale Ungleichheit denke,

→ dann

→ dann

→ dann

→ dann

→ dann

### Kriterien sozialer Ungleichheit

M1

„Soziale Ungleichheit“ liegt dann vor, wenn Menschen aufgrund ihrer Stellung in sozialen Beziehungsgefügen von den wertvollen und begehrten Gütern einer Gesellschaft regelmäßig mehr als andere erhalten. Dabei gelten für den Begriff „soziale Ungleichheit“ drei Definitionskriterien:

a) Der Begriff bezieht sich auf bestimmte Güter, die in der Gesellschaft als „wertvoll“ erachtet und begehrt werden und obendrein knapp sind. Diese sind an gesellschaftlich-historische Wertzuschreibungen gebunden. Z. B. Grundstücke, Immobilien, Betriebe, (…)

b) Die „wertvollen Güter“ sind ungleich verteilt. Dabei ist es egal, ob dies als gerecht oder ungerecht angesehen wird.

c) „Soziale Ungleichheit“ bezieht sich nur auf „wertvolle Güter“, die auf soziale, regelmäßige und überpersönliche Weise ungleich verteilt werden. Demnach meint man nicht, die auf Einzelpersonen bezogenen Nachteile oder Vorteile, sondern nur die, die in gesellschaftlich strukturierter, bleibender und verallgemeinerbarer Form zur Verteilung kommen.

Folgende Kriterien fallen nicht in die Definition des Begriffs „soziale Ungleichheit“: natürliche, individuelle, momentane und zufällige Unterschiede.

(Originalbeitrag)

**2** Formulieren Sie mit Ihren eigenen Worten einen kurzen Lexikoneintrag zum Begriff „soziale Ungleichheit“.

**M2**

**3** Analysieren und interpretieren Sie die Karikatur [M2]. (Zum Begriff Hartz 4 siehe Info-Box.)

### INFOBOX

**Peter Hartz** wurde am 9. August 1941 im saarländischen St. Ingbert geboren. Ausbildung zum Industriekaufmann; Studium der Betriebswirtschaftslehre an der Hochschule für Wirtschaft und Technik in Saarbrücken; Arbeitsdirektor und Vorstandsmitglied der Saarstahl AG; Vorstandsmitglied der Volkswagen AG; Mitwirkung bei der Reform der Bundesanstalt für Arbeit (radikaler Umbau und eine deutliche Beschneidung der Arbeitslosenversicherung).

## Sozialausgaben des Staates M3

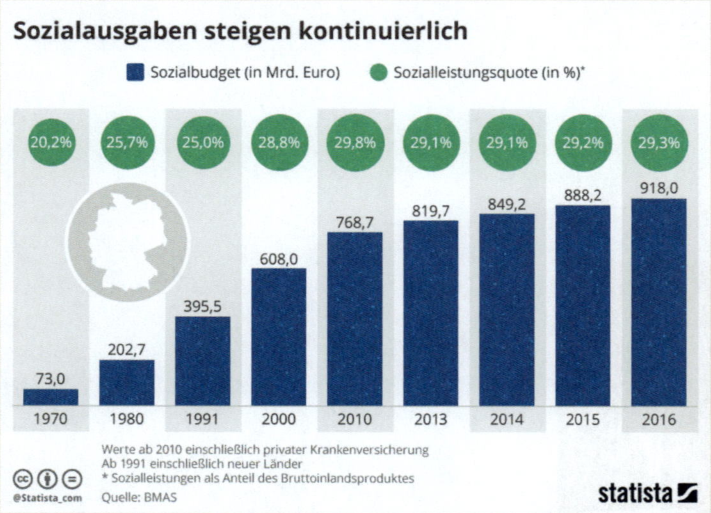


## Anzahl der Leistungsempfänger M4

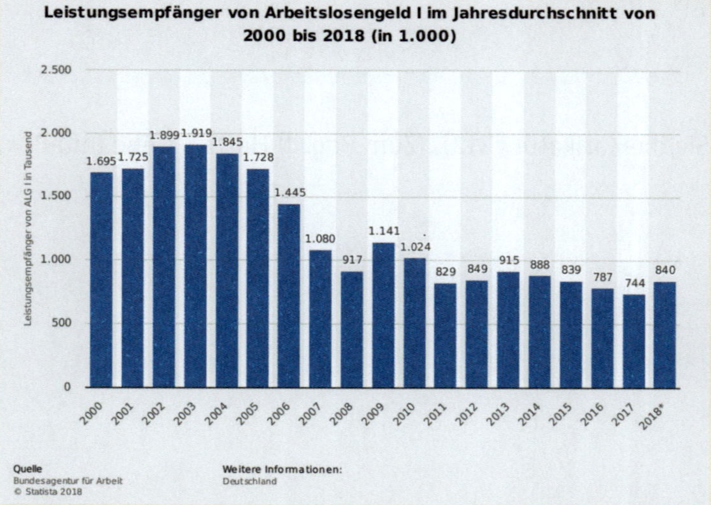


**4** Werten Sie die Statistiken [M3] und [M4] aus und nehmen Sie Stellung zu der Aussage: „Steigende Sozialausgaben führen zu mehr sozialer Gerechtigkeit!“ Notieren Sie in Ihrem Hefter.

## 6.2.2 Dimensionen der sozialen Ungleichheit

Die Feststellung von Ungleichheit innerhalb einer sozialen Schicht gewinnt eine immer größere Aufmerksamkeit in der öffentlichen Wahrnehmung. Im Verlauf der Jahre haben sich bei Einkommen, Bildung und Ausbildung sowie bei vom Berufsprestige abhängenden Lebensbedingungen Unterschiede ergeben, die als Bereiche sozialer Ungleichheit empfunden und verstanden werden. Deren Zusammenwirken und Ausprägungen bewirken in einem übergeordneten Sinn unterschiedliche Lebensläufe für den Einzelnen und bestimmen seine Möglichkeiten und Chancen, von der Gesellschaft akzeptierte Lebensziele zu erreichen.

### Herr Groß und Herr Stumpf M1

(...) Es handelt sich um zwei Fälle, die sich beim ersten groben Hinsehen in wichtigen Dimensionen zu ähneln scheinen: Gleich sind Geschlecht, Alter, Einkommen, Familienstand. Es sind zwei westdeutsche Männer, Herr Stumpf und Herr Groß, beide 33 Jahre alt, beide mit einem Monatseinkommen von ca. 1650 € netto, beide sind verheiratet und haben Familie – Herr Stumpf eine dreijährige und eine fünfjährige Tochter, Herr Groß eine sechsjährige Tochter. Damit sind allerding bereits so ziemlich alle Gleichheiten zwischen diesen beiden Männern erschöpfend behandelt. (...)

**Herr Stumpf**

- wohnt in einem kleinen bayrischen Dorf, in dem er als Sohn einer eher armen bäuerlichen Familie aufwuchs,
- arbeitete als Kind auf dem Hof mit
- seine Schulausbildung endete mit dem Hauptschulabschluss,
- machte eine Maurerlehre,
- arbeitete zwölf Jahre in einem kleinen Betrieb im Nachbardorf,
- verdiente trotz bescheidener Ansprüche auf dem Bau nie genug, sodass er nebenbei schwarz arbeiten ging,
- wechselte aufgrund der gestiegenen Belastung durch die Familie den Arbeitsplatz,
- arbeitet nun in einer Papierfabrik im Dreischichtsystem.
- Der Arbeitsplatz ist wenig attraktiv, monoton und von Lärm belastet.

**Herr Groß**

- ist selbstständiger Akademiker,
- wächst als Sohn eines Landarztes in einer Großfamilie auf,
- macht Abitur und absolviert ein Romanistikstudium in München,
- verbringt zwei Semester im Ausland und macht den Magisterabschluss mit 28 Jahren,
- wird in dieser Zeit Vater und übernimmt die unterschiedlichsten Arbeiten, wie z. B. Übersetzer, Lektor, Journalist,
- macht gelegentlich sein Hobby, die Musik, zum Beruf und gibt Unterricht oder tritt auf,
- kann sich seine Arbeitszeit frei einteilen.

(aus: Stefan Hradil: Zwischen Bewusstsein und Sein, Wiesbaden 1992, S. 256–261, leicht verändert)

**1** Erarbeiten Sie ausgehend von [M1] Ungleichheitsfaktoren.

„Soziale Ungleichheit ist eine Frage der subjektiven Wahrnehmung“

**2** Setzen Sie sich mit der oben genannten These auseinander. Schreiben Sie stichpunktartig.

## INFOBOX

**Relative Armut:** Unter relativer Armut versteht man eine Unterversorgung an materiellen und immateriellen Gütern und eine Beschränkung der Lebenschancen, und zwar im Vergleich zum Wohlstand der jeweiligen Gesellschaft.
**Absolute Armut:** Absolute Armut ist ein Leben am äußersten Rand der Existenz. Sie ist gekennzeichnet durch eine unzureichende Mittelausstattung, um lebenswichtige Grundbedürfnisse zufrieden stellen zu können. Absolut arme Menschen leiden unter schwerwiegenden Entbehrungen und müssen permanent um ihr Überleben kämpfen. Der gebräuchlichste Indikator für die Bestimmung absoluter Armut ist die Verfügbarkeit von einem Dollar und weniger pro Tag für die Befriedigung der Lebensbedürfnisse.
**Gefühlte Armut:** Die gefühlte oder sozio-kulturelle Armut entspringt einem subjektiven Gefühl und Bewusstsein der Betroffenheit und lässt sich nicht an Einkommensgrenzen festmachen. Sie stellt sich oft ein, wenn Menschen sich aufgrund ihrer wirtschaftlichen Situation gesellschaftlich ausgegrenzt oder diskriminiert fühlen, wenn sie das Gefühl haben, nicht integraler Bestandteil der Gesellschaft zu sein, in der sie leben.
(aus: Gefühlte Armut.: www.armut.de)

M2

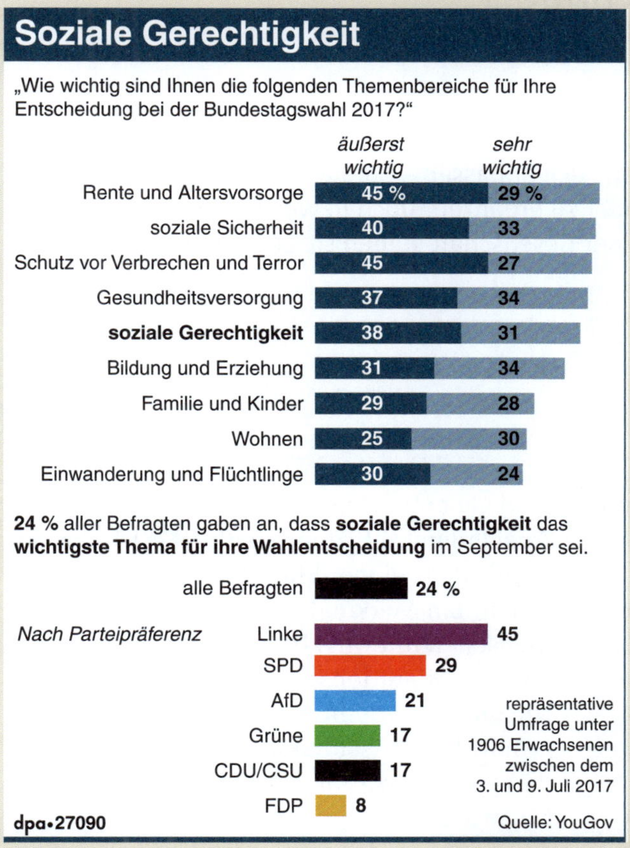


**3** Kaum ein Wort fällt in der öffentlichen Debatte so häufig wie „Gerechtigkeit" – mit gewissen Unterschieden je nach Partei. Recherchieren Sie ausgehend vom Material [M2] die Bedeutung für den Einzelnen und die unterschiedlichen inhaltlichen Perspektiven der großen Volksparteien.

# 6.3 Aspekte des sozialen Wandels

## 6.3.1 Integration und Migration

Einwandern, auswandern, sich integrieren, sich anpassen – all diese Begriffe bestimmen die politische Diskussion und scheinen einander zu ergänzen. Doch in welchem Verhältnis bezogen auf die Anwendung innerhalb einer Gesellschaft stehen sie zueinander? Funktioniert das eine ohne das andere?

### Wer Ausländer ist

M1

Ausländer ist jeder, der im Sinne des Grundgesetzes (Artikel 116, Absatz 1) kein Deutscher ist. Von den über 7 Millionen in Deutschland lebenden Ausländern wurde etwa jeder fünfte in Deutschland geboren. Seit über zehn Jahren erheben das Statistische Bundesamt und die Statistischen Landesämter auch Daten zu Personen mit Migrationshintergrund. Dabei werden folgende Personengruppen als „Menschen mit Migrationshintergrund" bezeichnet: (1) zugewanderte Ausländer, (2) in Deutschland geborene Ausländer, (3) eingebürgerte Ausländer, (4) Spätaussiedler, (5) Kinder mit mindestens einem Elternteil, der eines der genannten Merkmale erfüllt. So müssen Menschen mit Migrationshintergrund keine eigenen Migrationserfahrungen haben. Die meisten von Ihnen leben seit ihrer Geburt in Deutschland. Demnach leben derzeit 16,4 Millionen Menschen mit Migrationshintergrund in Deutschland.

1 „Ausländer" – „Bürger mit Migrationshintergrund": Erklären Sie in Stichpunkten den Unterschied [M1].

### Was sind Fremde?

M2

Fremde sind Leute, die später gekommen sind als wir. In unser Haus, in unseren Betrieb, in unsere Straße, unsere Stadt, unser Land.
Die Fremden sind frech: Die einen wollen so leben wie wir, die anderen wollen nicht so leben wie wir. Beides ist natürlich widerlich.
Alle erheben dabei Ansprüche auf Arbeit, auf Wohnungen und so weiter, als wären sie normale Einheimische.
Manche wollen unsere Töchter heiraten, und manche wollen sie sogar nicht heiraten, was noch schlimmer ist.
Fremdsein ist Verbrechen, das man nie wieder gutmachen kann.

(aus: Gabriel Laub: Was Fremde sind. http://www.zeit.de

## Migration

M3

Immer mehr Menschen auf der ganzen Welt verlassen ihre Heimat, um ihren Lebensmittelpunkt an einen anderen Ort zu verlegen. Mehr als 150 Millionen Menschen weltweit leben als Migranten in einem Staat, der nicht ihre ursprüngliche Heimat ist. Internationale Migration geht aus von Menschen, die ihre Familien zusammenbringen möchten, von hoch ebenso wie niedrig qualifizierten Arbeitsmigranten sowie von Asylbewerbern und anderen Flüchtlingen. Einige wollen nur für kurze Zeit an einem fremden Ort bleiben, andere für mehrere Jahre oder gar den Rest ihres Lebens.

Quelle: http://www.bpb.de, 15.8.2016)

2 Analysieren Sie [M2] und [M3]. Vergleichen Sie beide miteinander.

## Johannes Rau zur Integration

M4

Wir müssen darauf vorbereitet sein, dass Menschen kommen, von denen wir etwas erwarten und die von uns etwas erwarten. Vorbereitet sein müssen wir in vielen Bereichen. Am wichtigsten sind Kindergärten, Schulen und Hochschulen. Das sind die Orte, an denen sich entscheidet, ob Integration in unserem Land gelingt (...) Wer auf Dauer in Deutschland lebt, muss Deutsch sprechen können. Darum ist „Deutsch für Ausländer“ ein zentrales Bildungsprojekt für die Zukunft unserer Gesellschaft. (...) Es ist in unserem gemeinsamen Interesse, dass alle Ausländer oder neu Eingebürgerten möglichst gute Bildungschancen haben. Bildung fördert die Integration, Bildung eröffnet Chancen auf gute Arbeitsplätze, Bildung macht gesprächsfähig.

(aus: Frankfurter Allgemeine Zeitung, 13.5.2000, S. 1)

3 Setzen Sie sich mit den Thesen Johannes Raus auseinander und stellen Sie einen Bezug zur aktuellen Situation her.

**INFOBOX**

**Johannes Rau (1931–2006):** SPD-Politiker; 1999 bis 2004 8. Bundespräsident der Bundesrepublik Deutschland

## 6.3.2 Wertewandel – „Die Jugend von heute!“

In entwickelten liberalen Gesellschaften hat sich ein einschneidender Wertewandel vollzogen. Statt Vermögen und Besitztum stehen Selbstverwirklichung und Kommunikation im Vordergrund. Die 1950er- und 1960er-Jahre waren in der westlichen Welt durch einen beispiellosen Wohlstandszuwachs (in der BRD vor 1990 „Wirtschaftswunder“), durch die Bildungsexpansion, durch eine Verkürzung der Arbeitszeit und Ausweitung der Freizeit, durch eine hohe soziale Sicherheit und eine Liberalisierung der Werte gekennzeichnet. In den 1970er-Jahren hat man in der westlichen Welt einen einschneidenden Wertewandel von materialistischen (Vermögen und Besitztum) zu postmaterialistischen Werten ausgemacht. Auswirkungen hat ein solcher Wandel in den verschiedensten Dimensionen der Gesellschaft.

**1** Stellen Sie Veränderungen in den letzten Jahrzehnten bei den Lebensformen im Bereich Familie in Deutschland dar. Nutzen Sie den Einleitungstext und recherchieren Sie im Internet mit den Schlüsselbegriffen „Wertewandel Familie“, „Wertewandel Lebensformen“. Notieren Sie Stichworte.

- Der Anteil der Alleinerziehenden hat zugenommen.
- 
- 
- 
- 
- 
- 
- 
- 

## Die Rolle der Frau

M1

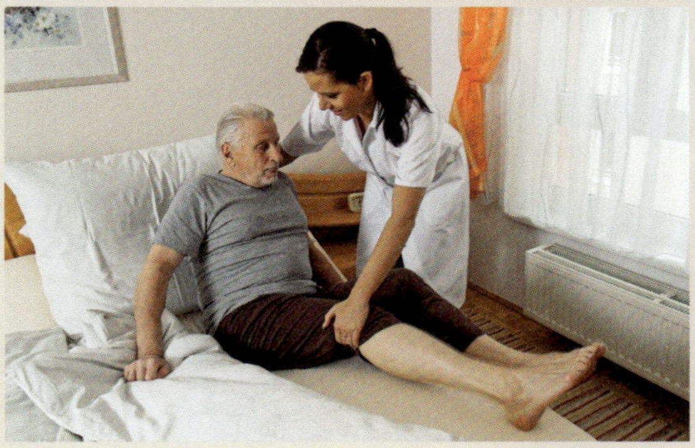

**2** Erläutern Sie das veränderte Rollenbild der Frau [M1].

**3** Entwerfen Sie ein Zukunftsszenario zur Entwicklung des Wertewandels in unserer Gesellschaft. Notieren Sie in Ihrem Hefter.

## 6.3.3 Demografie oder „Stirbt unsere Gesellschaft aus?“

Der demografische Wandel scheint eine zentrale Herausforderung für Deutschland zu werden. Doch was ist damit gemeint? Es sind erhebliche Veränderungen der drei grundlegenden Bevölkerungsprozesse Geburten, Sterbefälle und Außenwanderungen, sodass eine Abfolge der bestimmten Bevölkerungsweise in eine andere beobachtet werden kann. Der Wandel der Bevölkerungsprozesse zwischen Agrar- und Industriegesellschaft (1910 u. 1950) wird als erster und der von der industriellen zur postindustriellen Gesellschaft (2016 u. 2060) als zweiter demografischer Wandel bezeichnet [M2].

### Generationenvertrag M1

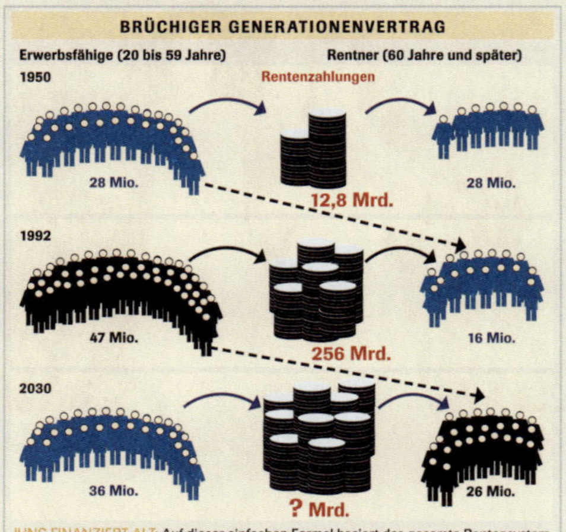

JUNG FINANZIERT ALT: Auf dieser einfachen Formel basiert das gesamte Rentensystem. Wer als Arbeitnehmer in die Versicherung einzahlt, hat im Alter Anspruch auf Leistungen. In den kommenden Jahren wächst die Zahl der über 60-Jährigen rapide: Ihr Nachwuchs wird es kaum noch schaffen, ihre Rente zu erwirtschaften.

1 Beschreiben Sie anhand [M1] den Generationenvertrag.

2 Erläutern Sie die Auswirkungen der demografischen Veränderungen auf die Generationen [M2].

3 Nehmen Sie Stellung zur Aussage: „Überalterung führt zur Verarmung der Gesellschaft“. Notieren Sie in Ihrem Hefter.

4 Beschreiben Sie die Alterspyramiden [M2]. Notieren Sie in Ihrem Hefter.

5 Fassen Sie Ihre Ergebnisse als Thesen zusammen. Notieren Sie in Ihrem Hefter.

## Alterspyramide in Deutschland

M2

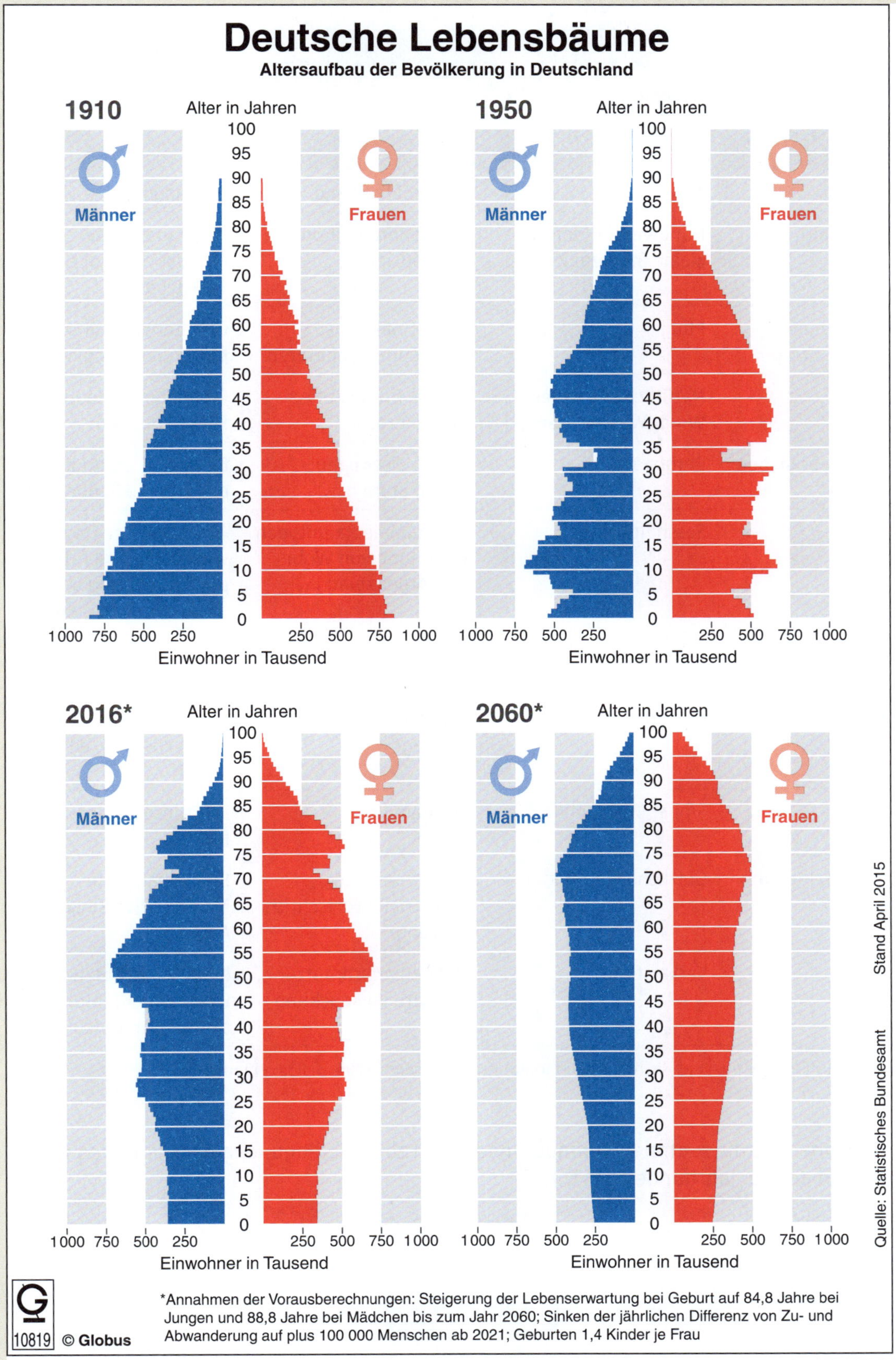

## 6.3.4 Arbeit und Beruf im Wandel

### Entwicklung der Menschheit in Wellen

M1

| | Erste Welle<br>Agrargesellschaft: 10 Tsd. Jahre bis 16. Jh. | Zweite Welle<br>Industriegesellschaft bis Ende 20. Jh. | Dritte Welle<br>Informationsgesellschaft |
|---|---|---|---|
| Symbolik | Acker | Fabrik: Fließband | PC: Tablet |
| Produktion | Handwerk, dezentral, kleine Stückzahlen | Massenproduktion, zentralisiert | Individualisierte Produktion, große Typenvielfalt |
| Technologie | Pflug | Dampfmaschine, Verbrennungsmotoren | Quantenelektronik, Molekularbiologie |
| Energie | Natürliche Energien: Wind, Wasser, Tiere | Fossile Brennstoffe, Kernenergie | Fotozellen, erneuerbare Energiequellen |
| Industriebranchen | Bergbau | Kohle, Eisenbahn, Textil, Stahl usw. | Elektro- u. Computerindustrie, Medienbranche |
| Raum | Sesshaftigkeit | Funktionale Raumtypen (Trennung von Wohn- und Arbeitsplatz) | Auflösung der Trennung von Wohn- und Arbeitsplatz, Wohnung als elektronisches Heim |
| Orientierung | Lokal: Ort/Stadt | National | Global und lokal |
| Zeitbegriff | natürlich, erdverbunden | Aufteilung der Welt in Zeitzonen, linearer Zeitbegriff | Verkopplung unterschiedlicher Zeitzonen, polyzyklischer Zeitbegriff |
| Familie | Sippe, Großfamilie | Kernfamilie | Entkernte Lebensformen |
| Weltbild/Medium | Göttliche Ordnung | Massenmedien, industrielle Fortschrittskonzepte | Individualisierte Medien, diversifiziertes Angebot |
| Risiken | Verkarstung | Umweltverschmutzung, atomare Verseuchung | biologische Gefahren, Elektrosmog, Informationsverschmutzung |

(aus: Achim Bühl: Mythos und Realität der Informationsgesellschaft, 1996, S. 33, verändert)

**1** Benennen Sie die zentralen Veränderungen der Lebensbedingungen der Menschen seit Beginn des 20. Jahrhunderts [M1].

**2** Recherchieren Sie die folgenden Begriffe.

Linearer Zeitbegriff:

Individualisierte Medien:

Informationsverschmutzung:

Prozess der Arbeitsverschiebung:

**3** Beurteilen Sie den Prozess der Arbeitsverschiebung.

# 6.4 Sozialordnung und Sozialpolitik

## 6.4.1 „Wer fängt mich auf, wenn ich falle?“

Soziale Sicherheit und soziales Handeln kennzeichnen unseren Sozialstaat. Er gewährleistet eine lebenswerte Gesellschaft, in der alle an den gesellschaftlichen und politischen Entwicklungen teilhaben können und Menschen füreinander einstehen. Die Bekämpfung von Armut und sozialer Ausgrenzung ist eines der vorrangigsten Ziele und eine ständige gesellschaftliche Aufgabe.

### Zur deutschen Sozialversicherung — M1

Die deutsche Sozialversicherung ist ein gesetzliches Versicherungssystem, das als Teil der sozialen Sicherung Deutschlands eine herausragende Rolle spielt. Als Solidargemeinschaft bietet es wirksamen finanziellen Schutz vor den großen Lebensrisiken und deren Folgen wie Krankheit, Arbeitslosigkeit, Alter, Betriebsunfälle und Pflegebedürftigkeit. Die Sozialversicherung garantiert einen stabilen Lebensstandard jedes Einzelnen und umfasst fünf Bereiche.

(Originalbeitrag)

1 Benennen Sie Elemente der sozialen Sicherung. Notieren Sie diese in Ihrem Hefter.

### Finanzierungsprinzipien — M2

| | Versicherungsprinzip | Versorgungsprinzip | Fürsorgeprinzip |
|---|---|---|---|
| **Sicherungsvoraussetzung** | Mitgliedschaft in Versicherung | Speziell eingeräumter Rechtsanspruch | Individuelle Notlage |
| **Leistungsanspruch** | Bei Eintritt des Versicherungsfalles | Bei Vorliegen gesetzlich bestimmter Merkmale | Bei Bedürftigkeit |
| **Leistungshöhe** | Standardisiert nach Art des Versicherungsfalles | Standardisiert nach Art des Versorgungsfalles | Individualisiert nach Bedürftigkeit |
| **Gegenleistung** | Versicherungsbeiträge | Nichtmaterielle Leistungen für die Gesellschaft | Keine |
| **Bedürftigkeitsprüfung** | Nein | Nein | Ja |
| **Beispiele** | Krankenversicherung, Unfallversicherung | Kindergeld, Beamtenversorgung | Sozialhilfe, Wohngeld |

(aus: Hermann. Albeck: in Informationen zur politischen Bildung, Heft 215, S.27, leicht verändert)

**2** Formulieren Sie Vorteile und Nachteile der Finanzierungsprinzipien der sozialen Sicherung.

| | Versicherungsprinzip | Versorgungsprinzip | Fürsorgeprinzip |
|---|---|---|---|
| **Vorteile** | | | |
| **Nachteile** | | | |

**3** Ergänzen Sie den Lückentext [M3] mit den Begriffen aus der Wörterbox.

Krankenversicherung ▪ soziale Gerechtigkeit ▪ Kindergeld ▪ höher ▪ Rente ▪ Arbeitslosigkeit ▪ Lohn ▪ soziale Sicherheit ▪ kostenlos ▪ Umverteilung

## Das Grundgesetz und der Sozialstaat M3

Das Grundgesetz bezeichnet unseren Staat als einen demokratischen und sozialen Bundes- und Rechtsstaat (Art. 20, Art. 28 GG). Damit wird ausgedrückt, dass sich die Gesetzgebung in unserem Staat auch um (1) ____________________ und (2) ____________________ der Bürgerinnen und Bürger zu kümmern hat. Soziale Gesetzgebung hat in Deutschland eine lange Tradition. Ihr historisch ältester Zweig ist die Sozialversicherung. Als erstes Land der Welt führte Deutschland 1883 eine gesetzliche (3) ____________________ für Arbeiter ein. Sie besteht heute für alle abhängig Beschäftigten als Pflichtversicherung. Weitere gesetzliche Versicherungen sind hinzugekommen, die bei (4) ____________________, Unfall, Arbeitsunfähigkeit, Pflegebedürftigkeit einspringen und im Alter eine (5) ____________________ zahlen. Zusätzlich finanziert der Staat aus seiner Kasse soziale Leistungen, z. B. (6) ____________________, Erziehungsgeld, Wohngeld.

Eine soziale Arbeitsgesetzgebung sorgt u. a. dafür, dass Arbeitnehmerinnen und Arbeitnehmer am Arbeitsplatz nicht über Gebühr gefährdet oder belastet und werdende Mütter besonders geschützt werden, dass niemand von heute auf morgen entlassen werden kann, jeder bei Krankheit eine Zeit lang seinen (7) ____________________ weiter bezieht. Die Steuergesetze staffeln die Steuerhöhe nach sozialen Gesichtspunkten. Je höher der Verdienst ist, desto (8) ____________________ ist auch der Prozentsatz, der abgegeben werden muss. Dadurch wird in einem gewissen Maße auch eine sozialpolitisch erwünschte (9) ____________________ der Einkommen erreicht. Dem Sozialstaatsgedanken entspricht, dass der Besuch staatlicher Schulen und Hochschulen (10) ____________________ ist.

(aus: www.bpb.de/nachschlagen/lexika/pocket-politik/16561/sozialstaat (18.2.2017))

## 6.4.2 Sozialversicherungen

Sicherheit für das eigene Leben ist ein großer Wunsch aller Menschen. Unser Staat hat sich zur Aufgabe gemacht, ihn bis zu einem gewissen Grad zu erfüllen. Dazu ist ein Finanzierungsrahmen notwendig.

**1** Füllen Sie die folgende Tabelle aus.

| | Krankenversicherung | Pflegeversicherung | Arbeitslosenversicherung | Rentenversicherung | Unfallversicherung |
|---|---|---|---|---|---|
| Versicherungsträger | Krankenkasse | | Bundesagentur für Arbeit | | |
| Versicherungsleistungen | Aufklärung und Beratung z. B.<br><br>Vorsorgeuntersuchungen z. B.<br><br>Bei Krankheit z. B.<br><br>Mutterschaft | Leistungen sind abhängig von Pflegestufen z. B. | Aktive Arbeitsförderung z. B.<br><br>Höhe und Dauer des ALG beträgt<br><br>Sozialhilfe erhält | Bei Rehabilitation z. B.<br><br>Ab wann gilt die Regelaltersgrenze?<br><br>Wer bekommt Hinterbliebenenrente? | Verhinderung von Unfällen und Berufskrankheiten<br><br>Bei Betriebsunfall z. B.<br><br>Wenn ein Betriebsunfall zum Berufswechsel zwingt z. B. |
| Beitragssatz | | | | | Ohne Lohnsumme und Unfallgefahrenklasse |

| | Kranken-versicherung | Pflege-versicherung | Arbeitslosen-versicherung | Renten-versicherung | Unfall-versicherung |
|---|---|---|---|---|---|
| **Wer ist pflichtversichert?** | Alle Personen, die in Dtl. einen Wohnsitz haben oder hier arbeiten. | | | | |
| **Wer ist freiwillig versichert?** | | Jeder muss pflegeversichert sein, auch wenn er privat krankenversichert ist. | | | |

**M1**

**2** Analysieren und interpretieren Sie die Karikatur.

# 6.5 Informations- und Kommunikationsgesellschaft

## 6.5.1 Rolle der Medien

Moderne Gesellschaften sind ohne technische Mittel der Kommunikation kaum denkbar. Diese werden heute üblicherweise als Medien bezeichnet. Allerdings wird dieser Begriff unterschiedlich weit oder eng definiert. Die Mittel, die der Massenkommunikation dienen, also Presse, Film, Hörfunk und Fernsehen sind charakteristisch dafür, dass Inhalte indirekt und einseitig mit Hilfe einer Vervielfältigungs- oder Übertragungstechnik an eine Vielzahl von Personen verbreitet werden.

### Die Zukunft — M1

Wir sitzen abends vor dem Fernseher und haben eine begrenzte Anzahl von Programmen zur Auswahl.

Was diese Programme uns zeigen, entscheiden nicht die Journalisten in den Redaktionen, nicht die Zuschauer durch ihre Vorlieben oder Wünsche. Diese Entscheidung trifft allein die Regierung des Landes. Gesendet wird, was der Präsident und seine Regierung für wichtig und berichtenswert halten.

Programmmacher und Journalisten müssen natürlich alles, was sie gestalten oder senden möchten, vorher Kontrollorganen der Regierung vorlegen. Wenn es etwas gibt, das diese Organe für nicht wichtig oder staatsgefährdend halten, wird die Veröffentlichung verboten. Gewünscht sind Bilder und Berichte, die die Regierung und ihren Präsidenten positiv darstellen, die Regierungsarbeit loben und die Bedeutung des Landes in der Welt hervorheben.

Freie und kritische Medien sind in einer solchen Zukunft nicht erwünscht. Journalisten, die Makel aufdecken wollen, müssen um ihr Leben bangen, wenn ihre Recherchen von Politikern oder von den Kontrollorganen der Regierung entdeckt und sogar etwas davon veröffentlicht wird.

### Grundgesetz Artikel 5 — M2

(1) Jeder hat das Recht, seine Meinung in Wort, Schrift und Bild frei zu äußern und zu verbreiten und sich aus allgemein zugänglichen Quellen ungehindert zu unterrichten. Die Pressefreiheit und die Freiheit der Berichterstattung durch Rundfunk und Film werden gewährleistet. Eine Zensur findet nicht statt.

(2) Diese Rechte finden ihre Schranken in den Vorschriften der allgemeinen Gesetze, den gesetzlichen Bestimmungen zum Schutze der Jugend und in dem Recht der persönlichen Ehre.

(www.gesetze-im-internet.de)

**1** Erläutern Sie auf der Grundlage von [M1] und [M2], warum Pressefreiheit eine grundlegende Voraussetzung für einen demokratischen Staat ist.

2 Stellen Sie die Aufgaben der Medien mit Hilfe einer Internetrecherche in einer Übersicht dar. (Schlüsselwort: Aufgaben der Medien). Beschreiben Sie, wie Medien diese Aufgabe erfüllen.

3 Begründen Sie die Notwendigkeit des Artikel 5 Absatz 2.

# Medien – die „vierte“ Gewalt im Staat?

## Mit dem Strom M1

Es ist das Migrationsjahr 2015, und die wichtigsten Tageszeitungen Deutschlands verwandeln sich in Volkserziehungsbroschüren. Die Journalisten kontrollieren nicht mehr das Handeln der Politik, sie kontrollieren das Denken der Bürger. Und weil die Lebenswirklichkeit eben jener Bürger die Redakteure nur beim Beifallklatschen für die Regierung irritieren könnte, kommt sie in den Blättern gar nicht erst vor. (…) Forscher (…) haben über unterschiedliche Zeiträume Tausende von Artikeln aus der Frankfurter Allgemeinen Zeitung, der Süddeutschen Zeitung, der Welt, der Bild sowie zahlreicher Regionalzeitungen analysiert (…). Die Urteile, zu denen die Autoren kommen, sind drastisch. Zusammengefasst: Das Land hat unter einem publizistischen Stromausfall gelitten – und die Gesellshaft hat sich in der Folge gefährlich gespalten. (…) Praktizierten deutsche Redaktionen also einen Dampfwalzenjournalismus, der sich am Ende selbst plättete? So ungefähr sei es gewesen, glaubt Studienleiter Haller. Eine „Sinn- und Strukturkrise“ habe die Branche erfasst. „Große Teile der Journalisten haben ihre Berufsrolle verkannt und die aufklärerische Funktion ihrer Medien vernachlässigt.“ (…)

(aus: Jochen Bittner: Mit dem Strom, Die Zeit Nr. 30, 20. Juli 2017, S. 5)

**1** Benennen Sie, welche Aufgabe(n) die Medien laut Autor nicht ausreichend erfüllen.

## Aus dem Pressekodex des Deutschen Presserates M2

1. Die Achtung vor der Wahrheit, die Wahrung der Menschenwürde und die wahrhaftige Unterrichtung der Öffentlichkeit sind oberste Gebote der Presse. (…)

2. (…) Zur Veröffentlichung bestimmte Informationen in Wort, Bild und Grafik sind mit der nach den Umständen gebotenen Sorgfalt auf ihren Wahrheitsgehalt zu prüfen und wahrheitsgetreu wiederzugeben. Ihr Sinn darf durch Bearbeitung, Überschrift oder Bildbeschriftung weder entstellt noch verfälscht werden. Unbestätigte Meldungen, Gerüchte und Vermutungen sind als solche erkennbar zu machen. (…)

3. Veröffentlichte Nachrichten oder Behauptungen, insbesondere personenbezogener Art, die sich nachträglich als falsch erweisen, hat das Publikationsorgan, das sie gebracht hat, unverzüglich von sich aus in angemessener Weise richtig zu stellen.

4. Bei der Beschaffung von personenbezogenen Daten, Nachrichten, Informationsmaterial und Bildern dürfen keine unlauteren Methoden angewandt werden. (…)

7. Die Verantwortung der Presse gegenüber der Öffentlichkeit gebietet, dass redaktionelle Veröffentlichungen nicht durch private oder geschäftliche Interessen Dritter oder durch persönliche wirtschaftliche Interessen der Journalistinnen und Journalisten beeinflusst werden. (...)

(www.presserat.de)

**2** Analysieren Sie die einzelnen Punkte des Pressekodexes. Notieren Sie stichwortartig die jeweilige Kernaussage.

**3** Beurteilen Sie folgende Fälle. Notieren Sie in der Tabelle die Nummern, die zu den Fällen gehören und entscheiden Sie dabei, ob es sich um einen Verstoß gegen den Pressekodex handelt oder nicht.

| Fälle | Verstoß | kein Verstoß |
|---|---|---|
| **1:** Der Anwohner einer Siedlung berichtet einem Journalisten von einer angeblich illegalen Mülldeponie im nahegelegenen Wald. Der Journalist schreibt sofort einen Artikel, der am nächsten Tag in der Zeitung erscheint. | | |
| **2:** Der Verlag einer Tageszeitung veröffentlicht keine Artikel, die Lebensversicherungen kritisch darstellen. | | |
| **3:** Eine Journalistin schreibt über Melanie, eine neue Schlagersängerin im Musikmarkt, über ihre Persönlichkeit und ihren Weg zum Singen. Sie recherchiert vorher in Datenbanken, bei Bildagenturen, Musikarchiven und -zeitschriften und schreibt anschließend die Reportage. | | |
| **4:** In einem Nachrichtenmagazin steht ein Artikel über ein Vorstandsmitglied eines Autokonzerns. Darin wird behauptet, dies habe davor als Minister/in in der Landesregierung schon staatliche Fördermittel für den Bau eines Automobilwerks in die Wege geleitet. Dies erweist sich als falsch. | | |

**4** Sammeln Sie aktuelle Beispiele für die Verletzung der Grundsätze des Pressekodex des Deutschen Presserates. Notieren Sie in Ihrem Hefter.

## 6.5.2 Soziale Netzwerke: „1500 echte Freunde?“

Internet und soziale Netzwerke prägen die gesellschaftliche Kommunikation. „Digital Natives“ trennen die reale und digitale Welt nicht voneinander, sondern verbinden diese im Alltag. Aus diesem Grund sind soziale Netzwerke auch aus der politischen Meinungsbildung nicht mehr wegzudenken. Im Gegenteil: Politische Inhalte und Meinungsäußerungen werden über entsprechende soziale Netzwerke und Nachrichtenportale verbreitet, sodass die traditionellen Medien wie Zeitung, Zeitschriften, Rundfunk und Fernsehen auch diese Kanäle nutzen müssen. Wahlkämpfe in der Demokratie werden zu einem Gutteil im Internet stattfinden. Wer sich hier bewegt, wird gut unterscheiden müssen zwischen objektiver und gefälschter Information, zwischen neutraler Berichterstattung und Propaganda.

### Meinungsbildung in Netzwerken M1

Die Nutzer (von sozialen Netzwerken) kennen nicht alle Teilnehmer, sondern nur einen Teil – jene Menschen, mit denen sie verbunden sind. Aus dem, was die Mehrheit ihrer Freunde macht, schließen sie, was die Mehrheit der Teilnehmer macht. Sie sind dann auch eher bereit, sich dieser gefühlten Mehrheit anzuschließen. Wenn wenige kontaktfreudige Personen in sehr vielen Freundeslisten auftauchen, ist der Effekt besonders stark. Diese Personen dominieren die Freundeslisten, sie können sogar mehr als die Hälfte der Kontakte ausmachen. Sie seien es, die bestimmten, was als Mehrheit wahrgenommen wird.

Menschen orientieren sich an der Mehrheit. Doch was sie als Mehrheit wahrnehmen, werde verzerrt, etwa durch soziale Netzwerke. Dieses Phänomen nennt man in der Forschung „Mehrheitsillusion“. Die Menschen fassen schneller Mut, in der realen Welt aktiv zu werden, weil sich in ihrer Wahrnehmung die Mehrzahl der Menschen engagiert. So wird aus der gefühlten Mehrheit eine reale Mehrheit.

(aus: Martin Scheufens: Am Anfang ist die Illusion, www.spiegel.de)

**1** Beschreiben Sie mit eigenen Worten das Phänomen der Mehrheitsillusion [M1].

**2** Erklären sie mit Hilfe einer Internetrecherche die folgenden Begriffe.

Flashmob:

Cybermobbing:

Shitstorm:

Hackerangriff:

**3** Fake-News haben die Aufgabe zu verschleiern, zu verdecken und zu verzerren. Nehmen Sie Stellung zu der Aussage: „Fake-News können politisch relevante Debatten beeinflussen!“

T Richtig oder Falsch?
Kreuzen Sie die richtige Antwort an!

**1 Welche Personen sind nicht bei der gesetzlichen Krankenversicherung pflichtversichert?**

- ☐ Arbeiter
- ☐ Arbeitslose
- ☐ Angestellte
- ☐ Selbstständige

**2 Welche Versicherung garantiert einen stabilen Lebensstandard jedes Einzelnen und umfasst fünf Bereiche?**

- ☐ Krankenversicherung
- ☐ Sozialversicherung
- ☐ Vollkaskoversicherung
- ☐ Hausratversicherung

**3 Welches Prinzip ist KEIN Prinzip der sozialen Sicherung in Deutschland?**

- ☐ Versicherungsprinzip
- ☐ Vorsorgeprinzip
- ☐ Versorgungsprinzip
- ☐ Fürsorgeprinzip

**4 Welcher Artikel des Grundgesetzes garantiert die sozialen Sicherungssysteme?**

- ☐ § 20
- ☐ § 22
- ☐ § 30
- ☐ § 33

**5 Womit finanziert der Staat seinen Anteil am sozialen Sicherungssystem?**

- ☐ Spenden
- ☐ Raser/Blitzen
- ☐ Steuern
- ☐ Parkknöllchen

**6 Bei welchem Alter liegt die Regelaltersgrenze für den Renteneintritt?**

- ☐ 67
- ☐ 66
- ☐ 65
- ☐ 63

**7 Wer ist in Deutschland krankenkassenpflichtversichert?**

- ☐ niemand
- ☐ alle die in Deutschland ihren Wohnsitz haben
- ☐ alle sich in Deutschland aufhaltenden Menschen
- ☐ Kinder und Rentner

**8 Welche Form der Armut gibt es nicht?**

- ☐ Wertvolle Armut
- ☐ Relative Armut
- ☐ Absolute Armut
- ☐ Gefühlte Armut

**9 Welches dieser Gesellschaftsmodelle gibt es?**

- ☐ Ständegesellschaft
- ☐ Ladengesellschaft
- ☐ Marktgesellschaft
- ☐ Internetgesellschaft

# Methoden

## Diagramme auswerten

| Ziel der Auswertung eines Diagrammes | Ein/eine Schüler/in informiert sich mit Hilfe von Diagrammen über komplexe Zusammenhänge, Größenverhältnisse oder dargestellte Zahlenwerte. |
|---|---|
| Handlungsphasen | sich informieren |
| Vorgehensweise | **1.** Das Diagramm einordnen<br>• Welche Art von Diagramm ist es?<br>• Worum geht es? (Unterschrift oder Überschrift)<br>• Von wem stammt das Diagramm?<br>• Von wann ist es?<br>• Welcher Zeitraum oder Zeitpunkt wird dargestellt?<br>• Für welche Region, für welches Land gilt die Grafik?<br>**2.** Das Diagramm beschreiben<br>• Hebe dabei Besonderheiten hervor.<br>**3.** Das Diagramm erklären<br>• Bei einem Vergleich: Warum sind manche Werte höher oder niedriger als andere?<br>• Bei einer Entwicklung: Warum steigen einige Werte, warum fallen andere?<br>• Ggf. Zusatzinformationen sammeln, um eine Erklärung geben zu können<br>**4.** Das Diagramm bewerten<br>• Fehlt etwas im Diagramm?<br>• Ist das Diagramm ansprechend und logisch gestaltet? |
| Arten von Diagrammen | ▪ Baumdiagramm<br>▪ Prozessdiagramm<br>▪ Flussdiagramm<br>▪ Netzdiagramm<br>▪ Pyramidendiagramm<br>▪ Stabdiagramm<br>▪ Säulen-, Balkendiagramm<br>▪ Kurvendiagramm<br>▪ Kreisdiagramm<br>▪ Figurendiagramm |
| Beispiel | 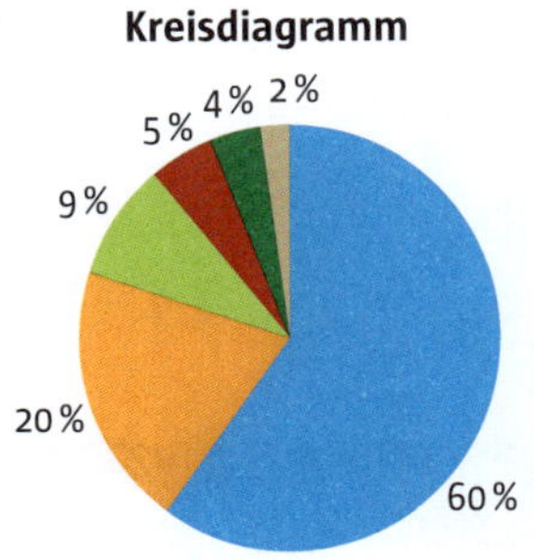 |

## Karikaturenanalyse

| Ziel der Karikaturenanalyse | Ein/eine Schüler/in setzt sich kritisch mit politischen, gesellschaftlichen und wirtschaftlichen Sachverhalten auseinander. |
|---|---|
| Was ist eine Karikatur? | Die Karikatur ist ein Medium der politischen Kommunikation. Sie bezieht, durch verzerrende, verspottende, entlarvende, polemische und überspitzte Darstellungen, kritisch Stellung. |

| Ziel der Karikaturenanalyse | Ein/eine Schüler/in setzt sich kritisch mit politischen, gesellschaftlichen und wirtschaftlichen Sachverhalten auseinander. |
|---|---|
| Beispiel |  |
| Vorgehensweise/ Analyse | **1.** Beschreibung<br>• Wie ist die Karikatur aufgebaut? (Bildelemente – Textelemente)<br>• Welche Situation ist dargestellt?<br>• Ggf. Hintergrundinformationen zum Thema recherchieren<br>• Einordnung der dargestellten Personen/Handlungen<br>**2.** Interpretation<br>• Zu welchem politischen/gesellschaftlichen/wirtschaftlichen Problem wird Stellung bezogen?<br>• Welche Bereiche des Problems werden angesprochen?<br>• Welche Haltung nimmt der Karikaturist ein?<br>• Werden Lösungsmöglichkeiten dargestellt? Wenn ja, welche?<br>**3.** Ermittlung der Kernaussage<br>• Unterscheidung und Benennung von Kern- und Teilaussagen<br>• Politischen, ethischen oder ideologischen Hintergrund benennen<br>**4.** Eigene Stellungnahme<br>• Zustimmung versus Ablehnung |
| Häufig auftretende Fehler | ▪ Zeitform: Präsens oder vollendete Gegenwart wird nicht eingehalten.<br>▪ Nur die eigene Meinung wird dargestellt, eine andere Sichtweise der Deutung fehlt.<br>▪ Jede Einzelheit, die für die Aussage der Zeichnung ohne Bedeutung ist, wird beschrieben.<br>▪ Die eigene Position wird nicht begründet. Gegenargumente werden nicht entschärft. |
| Materialien | Lexika, Literatur, Internet- oder Zeitungsartikel zum Thema der Karikatur, Schreibmaterial |

## Mindmap

| Ziel einer Mindmap | Eine „Gedächtnislandkarte" dient dazu, Gedanken zu sammeln, zu ordnen und übersichtlich darzustellen. |
|---|---|
| Handlungsphasen | sammeln, sortieren, präsentieren |
| Vorgehensweise | ▪ Thema festlegen<br>▪ in die Mitte eines quer liegenden Blattes schreiben<br>▪ wichtige Aspekte – Überbegriffe – suchen<br>▪ Hauptäste festlegen und notieren<br>▪ Gedanken und Ideen Überbegriffen zuordnen<br>▪ ggf. neue Äste herausarbeiten<br>▪ Verzweigungen und inhaltliche Verbindungen herstellen<br>▪ verfeinern und verbessern, ggf. auch mit Bildern |

| Ziel einer Mindmap | Eine „Gedächtnislandkarte“ dient dazu, Gedanken zu sammeln, zu ordnen und übersichtlich darzustellen. |
|---|---|
| Häufig auftretende Fehler | ■ inhaltliche Fehler<br>■ Übersichtlichkeit ist nicht gegeben.<br>■ Die Darstellung ist unverständlich. |
| Materialien | Visualisierungsmaterial (Tafel, Plakate, Bilder, PC, ...) |
| Verwendungsmöglichkeiten | ■ als Übungsblatt für einen freien Vortrag<br>■ als Präsentation des Inhaltes eines Themas oder Textes |
| Beispiel | 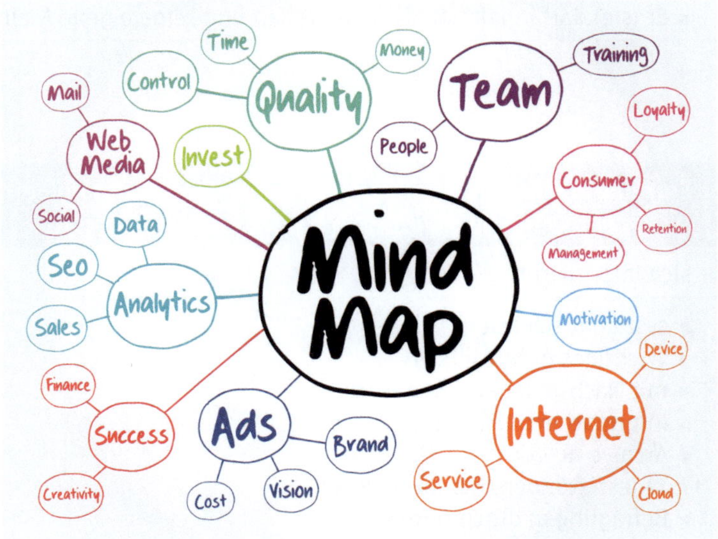 |



## Pro-Kontra-Debatte

| Ziel einer Debatte | Diese Methode wird eingesetzt, um gegensätzliche Meinungen auszutauschen. Es handelt sich dabei um ein kontrolliertes Streitgespräch zwischen zwei Gruppen mit unterschiedlichen Positionen zu einem Thema. |
|---|---|
| Handlungsphasen | sich informieren, ausführen |
| Vorgehensweise | ■ Das Streitthema wird genau benannt.<br>■ Es muss sich dabei um eine Aussage handeln, zu der eine zustimmende Meinung (pro) und eine ablehnende Gegenmeinung (kontra) möglich ist.<br>■ Ggf. wird ein Meinungsbild der Gesamtgruppe erfasst.<br>■ Die Schülerinnen und Schüler werden in zwei Gruppen aufgeteilt.<br>■ Jede Gruppe sammelt die Argumente, die sie vortragen möchte.<br>■ Zusätzlich ist es ratsam, sich im Voraus mit möglichen Argumenten der Gegenseite zu beschäftigen, um sie besser entkräften zu können.<br>■ Jede Gruppe bestimmt mehrere Diskussionsredner und einen Gruppensprecher.<br>■ Außerdem wird ein/e Diskussionsleiter/in bestimmt.<br>■ Im Anschluss an die Debatte werten Beobachter die Diskussion aus.<br>■ Ggf. wird ein neues Meinungsbild der Gesamtgruppe erfasst und mit dem ersten verglichen. |
| Die Debatte | ■ Der/die Diskussionsleiter/in begrüßt die Zuschauer.<br>■ Er/sie nennt das Thema.<br>■ Er/sie stellt die Teilnehmer vor.<br>■ Er/sie eröffnet die Debatte, indem er einer Gruppe das Wort erteilt.<br>■ Der/die Gruppensprecher/in hält einen kurzen Eingangsvortrag.<br>■ Anschließend werden Argumente und Gegenargumente ausgetauscht. |

| Ziel einer Debatte | Diese Methode wird eingesetzt, um gegensätzliche Meinungen auszutauschen. Es handelt sich dabei um ein kontrolliertes Streitgespräch zwischen zwei Gruppen mit unterschiedlichen Positionen zu einem Thema. |
|---|---|
| Regeln | ▪ Die Mitglieder einer Gruppe dürfen nicht – auch wenn es schwer fällt – ihre Rolle verlassen.<br>▪ Die Diskussionsbeiträge sollen kurz, deutlich und präzise sein.<br>▪ Sie müssen immer begründet sein.<br>▪ Es darf nicht dazwischengeredet werden.<br>▪ Die Diskussionsleitung fungiert als Schiedsrichter und sollte deshalb nur eingreifen, wenn gegen die Regeln verstoßen wird.<br>▪ Er (sie) darf inhaltlich nicht eingreifen und keine eigene Meinung äußern. |

## Recherche

| Ziel einer Recherche | Ein/eine Schüler/in informiert sich selbstständig und zielgerichtet zu einem festgelegten Thema. |
|---|---|
| Handlungsphasen | sich informieren |
| Was muss man können? | ▪ systematisch lesen<br>▪ Wichtiges herausfiltern<br>▪ mit Nachschlagewerken umgehen<br>▪ Informationen zusammenfassen<br>▪ Archive nutzen<br>▪ Tageszeitungen/Magazine lesen<br>▪ Befragungen durchführen<br>▪ Internet Suchmaschinen einsetzen, Schlüsselwörter filtern<br>▪ Informationen und Meinungen richtig bewerten und einordnen<br>▪ Quellen richtig angeben |
| Vorgehensweise | ▪ groben Überblick verschaffen<br>▪ entscheiden, ob die Quelle geeignet ist oder nicht<br>▪ detailliertes durcharbeiten<br>▪ wichtige Informationen herausfiltern<br>▪ mit eigenen Worten Informationen festhalten<br>▪ Quellenangaben notieren |
| Häufig auftretende Fehler | ▪ unterschiedliche Meinungen für wahre Tatsachen halten<br>▪ nur einen Autor/eine Quelle als Information nutzen<br>▪ Quellenangaben vergessen |
| Materialien | Informationsmaterial (Bibliotheken, Archive, Tageszeitungen, Magazine, Fernsehen, Experten, Informationsmaterial, Internet, ...) |

## Szenario

| Ziel eines Szenarios | Ein/eine Schüler/in fasst mit Hilfe aktueller positiver bzw. negativer Entwicklungstrends mögliche Zukunftssituationen zu einem bestimmten Thema modellhaft zusammen. |
|---|---|
| Handlungsphasen | sich informieren, analysieren, bewerten |
| Vorgehensweise | ▪ Analyse der Problemstellung<br>  • sachliche, räumliche und zeitliche Eingrenzung vornehmen<br>▪ Informationen zur aktuellen Situation sammeln<br>▪ mögliche Einflussgrößen zusammentragen und filtern<br>▪ Einflussfaktoren, die sich verstärken/gegenseitig stützen zusammenfassen<br>▪ Verknüpfung der Einflussfaktoren herstellen<br>▪ Positives und Negatives klar voneinander abgrenzen |

| **Ziel eines Szenarios** | **Ein/eine Schüler/in fasst mit Hilfe aktueller positiver bzw. negativer Entwicklungstrends mögliche Zukunftssituationen zu einem bestimmten Thema modellhaft zusammen.** |
|---|---|
| | ▪ Entwicklung zweier Szenarien<br>• positives Extremszenario – Best-case-Szenario<br>• negatives Extremszenario – Worst-case-Szenario<br>▪ ggf. Trendszenario (wahrscheinlichste Zukunft) erstellen<br>▪ Erarbeitung von Maßnahmen und Möglichkeiten eine erwünschte Entwicklung zu verstärken oder unerwünschte abzuschwächen<br>▪ Ergebnispräsentation: Maßnahmenkatalog |
| Mögliche Szenarien | 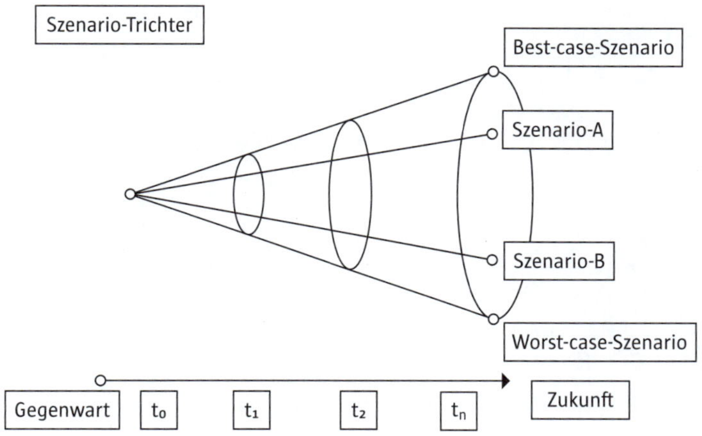<br>(nach Max Bauer, Wirtschaft und Politik im Zeitalter der Globalisierung, Bamberg 2005, S.221) |
| Materialien | Informationsmaterial (Internet, Bücher, Zeitschriften, ...) Visualisierungsmaterial (Tafel, Plakate, Bilder, PC, ...) |

## Textauswertung

| **Ziel der Textauswertung** | **Ein/eine Schüler/in beobachtet, erschließt und analysiert die politische Wirklichkeit mit Hilfe von Texten. Politische Sachverhalten und Probleme werden genau und differenziert beschrieben und detailliert bearbeitet.** |
|---|---|
| Handlungsphasen | lesen, erschließen, analysieren, verarbeiten |
| Vorgehensweise | 1. Fragegeleitetes Lesen<br>• Bearbeitung der Textlektüre unter der vorgegebenen Aufgabenstellung<br>2. Feststellen äußerer Textmerkmale<br>• Überschrift, Verfasser, Adressat/Entstehungsanlass<br>• Aktualität des Textes/Veröffentlichungsdatum<br>• Textsorte<br>3. Textanalyse<br>• Erfassen der wichtigen inhaltlichen, strukturellen und sprachlichen Bedingungen, Beziehungen erkennen, Position des Autors herausarbeiten<br>4. Verarbeitung des Textes<br>• gewonnene Erkenntnisse in größere Zusammenhänge einordnen<br>• Visualisierung der komplexen Sachverhalte |
| Zu verwendende Techniken | ▪ Unterstreichungen, farbige Markierungen, Umrandungen von Kernaussagen und Schlüsselwörtern, Randbemerkungen, Abschnitte zusammenfassen<br>▪ durch Pfeile kennzeichnen (Ursache, Wirkung, Folge, Widerspruch)<br>▪ Fremdwörter klären |
| Häufige Fehler | ▪ Techniken werden zu stark eingesetzt, sodass die Übersichtlichkeit verloren geht |
| Materialien | Textmaterial aus Internet, Büchern, Zeitschriften, Zeitungen |

## Seite 50 Kap. 1. Demokratie

| | | | | | | | | | | | | | | | | | | | | | |
|---|---|---|---|---|---|---|---|---|---|---|---|---|---|---|---|---|---|---|---|---|---|
| 1 | | | | | | | | | A | B | G | E | O | R | D | N | E | T | E | R | |
| 2 | | | | | | | | C | D | U | | | | | | | | | | | |
| 3 | | | | | | | | L | A | N | D | T | A | G | | | | | | | |
| 4 | | | | | | | B | U | N | D | E | S | P | R | Ä | S | I | D | E | N | T |
| 5 | D | E | M | O | K | R | A | T | I | E | | | | | | | | | | | |
| 6 | | | | | | | M | E | N | S | C | H | E | N | R | E | C | H | T | E | |
| 7 | | | | B | U | N | D | E | S | V | E | R | S | A | M | M | L | U | N | G | |
| 8 | | | | | | | | | L | E | S | U | N | G | | | | | | | |
| 9 | | | | | | | | P | A | R | T | E | I | | | | | | | | |
| 10 | | | | | | | | | | F | Ö | D | E | R | A | L | I | S | M | U | S |
| 11 | | | B | U | N | D | E | S | T | A | G | | | | | | | | | | |
| 12 | | | | | | | | | | S | P | D | | | | | | | | | |
| 13 | | | | | | O | P | P | O | S | I | T | I | O | N | | | | | | |
| 14 | | | | | | | | | J | U | D | I | K | A | T | I | V | E | | | |
| 15 | | | | | | | | K | A | N | Z | L | E | R | | | | | | | |
| 16 | | | | | G | R | U | N | D | G | E | S | E | T | Z | | | | | | |
| 17 | | | | | B | U | N | D | E | S | R | A | T | | | | | | | | |
| 18 | | | | | | | | R | E | G | I | E | R | U | N | G | | | | | |
| 19 | | | | | | | | E | X | E | K | U | T | I | V | E | | | | | |
| 20 | | G | L | E | I | C | H | B | E | R | E | C | H | T | I | G | U | N | G | | |
| 21 | | | | | | K | O | A | L | I | T | I | O | N | | | | | | | |
| 22 | | | G | R | U | N | D | R | E | C | H | T | E | | | | | | | | |
| 23 | | | | | | | | W | A | H | L | E | N | | | | | | | | |
| 24 | | | | | G | E | W | A | L | T | E | N | T | E | I | L | U | N | G | | |

## Seite 70 Kap. 2 Die Europäische Union

Richtig sind: **1 B, 2 A, 3 A, 4 C, 5 B, 6 C, 7 A, 8 C, 9 B**

## Seite 90 Kap. 3 Internationale Politik

- Globale Probleme, die die Folge der Industrialisierung sind, können nicht mehr von den Nationalstaaten alleine gelöst werden.
- Der Kerngedanke der ökonomisch motivierten Migrationstheorie geht davon aus, dass Menschen aus einem ursprünglichen Gebiet verdrängt, „weggedrückt“ werden und/oder von einem anderen Gebiet „angezogen“ werden.
- Diese Gruppen wollen die bestehende Weltordnung durch die Herrschaft ihrer Religion ersetzen. Der Märtyrertod wird als direkter Weg ins Paradies gesehen.
- Seit dem Endes des Kalten Krieges haben immer mehr Völker ihre eigene Identität entdeckt und drängen auf ihre nationale Selbstständigkeit – oftmals mit Waffengewalt.
- Charakteristisch sind die Privatisierung, Autonomisierung, Asymmetrierung und Kommerzialisierung des Konfliktes.

- Terrorismus religiös-fundamentalistischer Gruppen
- Die Vereinten Nationen
- ethnische Konflikte
- Zieldimensionen der Entwicklungspolitik
- Push- und Pull Faktoren

| | |
|---|---|
| Soziale Gerechtigkeit, wirtschaftliche Leistungsfähigkeit, ökologische Nachhaltigkeit und politische Stabilität sind die zentralen Aspekte dieser Politik. | Artikel 5 des Nordatlantikvertrags |
| Die Organisation wurde am 24. Oktober 1945 von 51 Staaten gegründet, mit dem Ziel, den Frieden durch internationale Zusammenarbeit und eine gemeinsame Sicherheitspolitik zu erhalten. Heute gehören ihr fast alle Staaten der Welt an. | neue Kriege |
| Die Parteien vereinbaren, dass ein bewaffneter Angriff gegen eine oder mehrere von ihnen in Europa oder Nordamerika als ein Angriff gegen sie alle angesehen werden wird. | nichtstaatliche Organisationen (NGO) |
| Transnationale Netzwerke mit dem Anspruch, die Interessen einer immer globaleren Zivilgesellschaft zu vertreten. | ökologische Probleme |

## Seite 110 Kap. 4 Globalisierung

| | | | | | | | | | |
|---|---|---|---|---|---|---|---|---|---|
| D | **N** | **A** | **T** | **I** | **O** | **N** | **E** | **N** | S |
| F | S | D | D | C | Z | S | Y | A | **M** |
| D | F | D | V | Z | C | K | U | B | **U** |
| **F** | **R** | **E** | **I** | **H** | **A** | **N** | **D** | **E** | **L** |
| P | S | S | Q | D | N | V | Y | D | **T** |
| I | X | X | S | **P** | G | **D** | E | Q | **I** |
| U | **K** | X | F | **R** | R | **I** | V | W | **N** |
| Z | **O** | S | U | **O** | E | **M** | U | E | **A** |
| T | **N** | K | I | **T** | W | **E** | M | R | **T** |
| R | **Z** | O | L | **E** | S | **N** | O | V | **I** |
| E | **E** | G | J | **K** | C | **S** | J | X | **O** |
| W | **R** | V | Z | **T** | G | **I** | R | A | **N** |
| W | **N** | S | G | **I** | J | **O** | C | G | **A** |
| D | A | F | **M** | **O** | F | **N** | **S** | J | **L** |
| V | A | B | **I** | **N** | C | **E** | **P** | U | Z |
| C | **E** | C | **T** | **I** | A | **N** | **R** | R | T |
| **W** | **I** | **R** | **T** | **S** | **C** | **H** | **A** | **F** | **T** |
| A | **N** | L | **E** | **M** | O | Z | **C** | F | B |
| S | **H** | K | **L** | **U** | T | E | **H** | I | G |
| D | **E** | H | **S** | **S** | T | I | **E** | W | W |
| F | **I** | G | **T** | S | O | D | S | X | V |
| G | **T** | F | **A** | O | **Z** | **O** | **L** | **L** | N |
| H | **S** | D | **N** | J | L | T | R | E | W |
| J | **K** | X | **D** | J | K | **U** | **G** | F | R |
| K | **U** | X | I | N | K | **M** | **R** | T | Q |
| K | **L** | **W** | **E** | **L** | **T** | **W** | **E** | **I** | **T** |
| M | **T** | C | W | A | W | **E** | **N** | R | T |
| B | **U** | S | A | S | A | **L** | **Z** | E | R |
| V | **R** | E | E | X | Y | **T** | **E** | D | E |
| C | S | D | D | W | C | U | **N** | W | W |
| X | D | **G** | **L** | **O** | **B** | **A** | **L** | S | A |
| C | W | S | T | E | A | T | E | A | W |

## Seite 134 Kap. 5 Wirtschaft

| | | |
|---|---|---|
| 1. | | In der Wirtschaftsordnung werden die Regeln, nach denen die Akteure der Wirtschaft handeln, festgelegt. |
| 2. | × | Die Wirtschaftspolitik hat zum Ziel, kurzfristige Produktionsstörungen zu beseitigen. |
| 3. | × | Der Monetarismus ist eine Form dieser Wirtschaftsordnung. |
| 4. | | Das nominale BIP kann durch die Inflationsrate die tatsächliche Entwicklung verfälschen. |
| 5. | | Das reale BIP gibt das Wirtschaftswachstum gemessen an den Preisen an. |
| 6. | | Die Gewerkschaften sind die Vertreter der Arbeitnehmer bei Tarifverhandlungen. |
| 7. | × | Die Arbeitnehmer kämpfen in Tarifverhandlungen für ein höheres BIP. |
| 8. | | Die Geltungsdauer eines Tarifvertrags beträgt in der Regel 1–3 Jahre. |
| 9. | | Die Tarifverträge werden unabhängig von staatlichen Eingriffen verhandelt und geschlossen. |
| 10. | | In der Konjunkturphase der Depression sinkt das BIP. |
| 11. | | Im magischen Viereck sind die Ziele der Wirtschaftspolitik dargestellt. |
| 12. | | Das magische Sechseck hat zusätzlich die Ziele Umweltschutz und gerechte Einkommensverteilung. |
| 13. | × | Der Betriebsrat ist ein Gremium zur Unterstützung der Arbeitgeber in schwierigen Entscheidungen. |
| 14. | | Zu den Rechten des Betriebsrats gehört es, über Betriebsänderungen oder Stilllegungen durch Arbeitgeber informiert zu werden. |

Beispiellösungen

- Die Wirtschaftspolitik hat für stabile Rahmenbedingungen zu sorgen.
- Der Monetarismus ist eine wirtschaftspolitische Ausrichtung.
- Die Arbeitnehmer kämpfen für höhere Löhne.
- Der Betriebsrat ist Vermittler zwischen Arbeitnehmern und Arbeitgeber. Er vertritt die Interessen der Arbeitnehmer im Betrieb.